「超」怖い話
鬼門《きもん》

渡部正和　著

竹書房文庫

※本書に登場する人物名は、様々な事情を考慮してすべて仮名にしてあります。また、作中に登場する体験者の記憶と体験当時の世相を鑑み、極力当時の様相を再現するよう心がけています。現代においては若干耳慣れない言葉・表記が登場する場合がありますが、これらは差別・侮蔑を意図する考えに基づくものではありません。

序

最初は、全くの偶然に過ぎないと考えていた。面識のない筈の方々からお聞きした中に、同じ名前の不動産屋が関係していたのである。いずれの方々も、そこから仲介された物件で、恐ろしい出来事に遭遇している。

しかし、この偶然が幾つか続くと、いても立ってもいられなくなってしまった。

早速その不動産屋に電話を掛けて取材をしようと試みたものの、木で鼻を括ったような対応をされてしまい、残念ながら実現には至らなかった。

本作には、その不動産屋に纏わる怪異を幾つか掲載している。今後も増えることが予想されるが、ひとまずはこれで勘弁していただきたい。

さて、初めての単著『「超」怖い話 鬼市』を上梓して以降、様々な怪異譚を拝聴する機会に恵まれている。本作は不動産絡みの怪談のみで纏めようと考えていたが、やはりそれでは面白くない。ごくごく普通の人々が日常で出会ってしまう怪異、そこにこそ怪談の本質が存在していると考えているからである。

それでは皆様、これから始まる本編を存分にお愉しみ下さい。

目次

6

さくらさくら

池田君の通う大学の近くに、安いと評判の不動産屋がある。

苦学生である彼は、そもそも引っ越しなどといった金の掛かることはしたくもなかった。しかし、誰にだってやむを得ない事情というものがある。その理由は割愛するが、とにかく彼は部屋を探していた。

学生用のワンルームであれば、相場四万円台の地域である。

だが、はっきり言って、その金額は出せない。

できれば、いや絶対に二万円台で、そして敷金も礼金もなしがいい。そもそも払いたくとも払えない。

何件か近くの不動産屋を当たってはみたものの、そのような物件がおいそれと見つかるはずもない。

そんなとき、懇意にしてもらっている岡崎先輩が困っている彼を見かねて、ある不動産屋を勧めてきた。

それが、里美不動産であった。噂では耳にしていた、安いと評判の不動産屋である。

池田君は早速、駅前の大通りから少々外れた、うらぶれた通りに面しているその店を訪れた。

「いらっしゃい」

扉を開けた途端、スーツ姿の社員らしき人物が待ってましたとばかりに席まで案内してくれた。

池田君は少々躊躇《ためら》いながらも、おずおずと自分の予算を話してみた。

他の不動産屋では散々鼻で笑われるような対応をされていたので、ここでも同じような結果に終わるであろうと予想はしていた。

しかし、その社員は「そうですねえ」と応えながら、手元にあった分厚いファイルを繰り始めたのである。

今までとは違った親切な対応にほっとした。だが、この人についてふと気になり始めた。

若いのか歳を取っているのか全く年齢の分からない人で、雇い人なのか責任者なのかもよく分からない。

スーツを着ているので男だとは思うのだが、声を聞いても断定はできないことから、それすらも確信を持つことができない。

池田君は店内に目を向けてみた。

二坪ほどの店舗である。壁にはベタベタと物件の間取りが張ってあるが、中には驚くほど安いものもあった。いつから張ってあるのか知らないが、ヤニですっかり紙が黄ばんでいるものも幾つかある。

奥のほうの事務机では、やけに座高の高い女性が一人、熱心に何かの仕事をしている。忙《せわ》しなく両手を動かしているが、何の仕事をしたらあんな動きをするのだろうかと不思議で仕方がない。

池田君は思った。この不動産屋は、どことなくおかしい、と。

三月だというのに、自分以外に他の客が一人もいないことも気になる。

「お客さん。ここなんかどうですかね」

男が二、三枚の書類をファイルから抜き出すと、驚くほど大音量で近くの電話が鳴り出した。

りりりりり……りりりりり……りりりりり……りりりりり……。

「ここなんて、大学からも近くて便利ですけど」

熱心に物件の説明をしてくれているが、全く頭の中に入ってこない。

りりりりり……りりりりり……りりりりり……りりりりり……。

相も変わらず、電話は鳴り続けている。

出された書類を眺めながら、呼び出し音を十回まで数えてみたが、誰も電話に出ない。目の前の男は接客中だから遠慮しているのかもしれないが、奥の女性が電話を取らないのはおかしい気がする。

そっと彼女に視線を移してみるが、先ほど同様慌ただしく両手を動かしているだけで、電話に出る気配は感じられない。

りりりりり……りりりりり……りりりりり……りりりりり……。

電話は更に鳴り続けている。最早限界である。このまま書類を見せられても、全く集中できない。

「あの、電話……出ても大丈夫ですから」

そう告げるが、相手は露骨に眉を顰《ひそ》めながら、不思議そうな表情で池田君の顔を見返した。

「えっ！　電話、ですか？」

「ええ。さっきから鳴ってるんで。出たほうがいいんじゃないかな、と」

もう一度、男は池田君の顔を不思議そうに見直した。

りりりりり……りりりりり……りん。

しかし、ちょうどそのときに、散々鳴り続けていた電話がとうとう鳴りやんでしまった。

「いえ、いいんです。すみません」

気まずくなってしまって、言葉を濁す外なかった。

男は小首を傾《かし》げながら、セールストークへと戻っていった。

そんなことがあったりもして、どことなくではあるが厭な予感も感じられたが、贅沢は言っていられない。

先輩の言う通り家賃は格安だったので、物件を直に見てみようと案内を受けた。

そこは昭和の時代に建てられたアパートで、当然の如くあちこちにガタが来ていたが、それでも相場からすると相当に安い。

「ここって、あの。その、事故物件とかじゃないですよね」

我ながら予算二万台でそんなことを言う客もどうかとも思ったが、一応聞くだけ聞いてみたところ、

「瑕疵《かし》物件は告知義務がありますから」

と、至極真っ当な返答が返ってきただけであった。

「……そうですよねぇ！」

池田君は安心して賃貸契約を取り交わすと、すぐに引っ越したのである。

引っ越しが終わった翌日のこと。

不動産屋を紹介してくれた岡崎先輩が、安酒を引っ提げて引っ越し祝いに訪れた。

「なーんだ。結構いい部屋じゃんか。周りも静かだし、俺んとこよりいい部屋だよ」

「いやー、助かりましたよ。本当に」

けれど。と、池田君には若干の引っかかりがあったことも否めない。

それは、やはり。あの不動産屋での出来事である。

「ところで先輩。あの不動産屋ですけど、ちょっと変な感じですよね」

店内で電話が鳴り続けたときのことを、念のため話してみる。

「ああ、あそこな。たまに電話出ないことあるよな」

先輩は軽い口調でそう言った。

「たまに、というか。あそこ、電話に出てはいけない理由でもあるんですかね」

池田君は、昨日の件を思い出した。

室内にまだまだ使えそうなトースターを発見して、使ってもいいかどうか里美不動産に電話を掛けたのである。

呼び出し音が四回ほど鳴った後、ざざっ、といった雑音が混じった。

雑音は次第に酷くなっていき、やがて呼び出し音すら聞こえなくなってしまった。

故障かと思い、受話器を置こうとすると雑音がピタッと止んでしまう。

ひょっとして誰か電話に出たのか？　と急いで受話器を耳に付けるが、聞こえてきたのは変な音声であった。

それは若い女で、その平明な声で歌を歌っている。

〈……さぁくぅらぁ、さぁくぅらぁ、やぁよぉいのぉそぉらぁはぁ、みぃわぁたぁすぅかぁぎぃりぃ〉

決して、音程が外れている訳ではない。外れてはいないのであるが、全く感情が込められていないので、とてもじゃないが人間の声には聞こえない。

それでも妙に生々しい声で歌い続けている。もしかして、留守番電話なのかもしれないと、そのときは思っていた。

しかし、その歌声は突然止んでしまった。そして再び、何事もなかったかのようにいつもの呼び出し音が戻ってきた。

池田君は慌てて電話を切った。

背中を中心として、全身隈なくびっしりと鳥肌が立っていた。

この件に関してだけは、何故だか言い出し難い。

只の気のせいなのかもしれないし、話したら話したで、笑い飛ばされそうな気がしていたからである。

「ま、でもよ。あの不動産屋、人がいないから出られないときもあるんじゃねーの？」

軽く数回頷《うなず》きながら、先輩は言った。

「え？　でも、女性の事務員さんがいましたよ？」

座高の妙に高い、両手の素早い動きの彼女がいるではないか。

「事務員？　女の？」

先輩は信じられないといった表情で、考え込み始めた。

岡崎先輩の部屋も、里美不動産を通して借りている。

家賃を振り込むのが面倒なときなどは、不動産屋に直接家賃を持って行ったりしているせいで、先輩はやけに詳しかったのである。

「んー、そんなはずないんだけどなあ」

もしかして最近入ったのかな、いやでもなあなどと盛んに独りごちながら、先輩は小首を傾げた。

エンゼルセット

総合病院に看護師として勤務している、波多野さんの話。

看護師一筋約二十年のベテランである。

そんな彼女が、夜勤で病室を巡回していたときのこと。

白衣の右ポケットに入れていたPHSが振動を始めた。急いで電話口に出ると、同僚の畑山さんの慌ただしい声が聞こえてきた。

「もしもし？　三〇三号室の患者さんがステりそうなの」

「えぇっ！　分かりました。すぐに向かいます」

「あ、DNRだから急がなくていいわよ」

この意味不明な用語はドイツ語のステルベンから来ており、患者が死亡することを意味する。即ち「ステりそう」とは、亡くなりそうとの意味である。

また、DNRとは蘇生不要を意味する英語の頭文字を合わせた言葉である。勿論、患者もしくはその家族によって意志決定される。

急がなくてもいいとは言われても、自分の担当患者さんであるからそういった訳にもいかない。

波多野さんは今いた病室から飛ぶように駆け出ると、階段を使って三階まで急行した。

病室に入ろうとすると、宿直の先生が出てきたところであった。

「死亡確認したから。家族を呼んで」

やっぱり間に合わなかったか。波多野さんは大きな溜め息を一つ吐いた。既に九十歳を超えたお婆ちゃんであったから、ある意味仕方がないのかもしれない。しかし、人間の死、とりわけ少しでも知っている人間の死というものは、看護師だからと言って決して慣れることではない。

御遺体と家族の対面が始まり、三十分ほど経過した後、そろそろ処置がしたい旨を彼らに伝えて退出を促した。

三〇三号は個室であったので、この場所で死後処置を行うのが通例であった。

病室には誰もいないとはいえ、念のため、ベッドの周りに張ってあるカーテンを閉め切る。

そして彼女は、粛々とエンゼルセットの準備に入った。

エンゼルセットとは、各種綿類や剃刀、包帯などが入った、死後処置の道具をひとまとめにした二十センチ程度の袋である。

ところが、いつも収納してあった箇所にそれはなかった。

患者さんやその家族の目の触れる場所に置いてあるはずはないので、ナースステーションやリネン室まで調べたが全く見つからない。

誰に聞いても分からないので、慌てた波多野さんは、他の病室や待合室まで探し始めたのである。

そして、どういう訳か不明ではあるが、一階のエックス線室の待合室、その長椅子の真ん中にエンゼルセットがぽつねんと置かれていた。

「えぇっ！　どうして？」

思わず声に出してしまうが、それに応える者は誰もいない。

その日を境に、彼女の勤務帯に亡くなってしまう患者さんが多くなった。

所謂《いわゆる》、ツイてる状態と言われており、これ自体は病院内ではさほど珍しくない。

しかし、必ずと言って良いほど、肝心のエンゼルセットが見つからない。

事前に確認したにも拘わらず、所定の場所からはなくなってしまうのだ。

あるときは既に閉まっている売店の前、またあるときはトイレの便座の上。エンゼルセットは、あるはずのない所で見つかるようになってしまった。

ある深夜のこと。

またしてもエンゼルセットを探す羽目になってしまった波多野さんは、処置室の片隅でそれを見つけた。

「ああ、またこんなところに！」

身も心も疲れ果てた彼女が、嘆息しながらそれを手に取ろうとしたそのとき、異変に気が付いた。

袋の脇にベージュ色のサンダルが置いてあったが、そこから浮かび上がるように、痩せた足がぬっと出現したのである。

「っっっひっっっっ！」

軽く悲鳴を上げながら咄嗟《とっさ》に上方へ視線を向けると、そこには痩せたお爺さんが佇《たたず》んでいた。

見事なまでの白髪に、眼窩《がんか》深くまで落ち窪んだ特徴のある目。痩せた首は喉仏がぼこりと突き出ており、紺色の寝間着を着ている。しかも何処かで見たことがあるような気がするが、この状況では全く思い出せそうもない。

その光を失った目が彼女の視線を捉えて、決して離そうとしない。

「つあぁぁのぉぉぉ、つあぁぁのぉぉぉ」

まるで鯉のように口唇をパクパクと開閉しながら、波多野さんは何かを言おうとするが声にならない。

そして数時間にも感じられる数秒が過ぎ去ったとき、耳を劈《つんざ》く怒鳴り声が処置室に鳴り響いた。

「くぅおぉぉぉぅらあぁぁぁぁぁっっっっっっ！」

ぎょっとした彼女が飛び上がらんばかりに驚いた瞬間、その老人は煙のように消え去ってしまった。

強烈なエタノールの臭いだけが、残り香のように辺りに漂っていた。


「初めての患者さんだったんですよ、私の」

波多野さんは、至極落ち着いた表情でそう言った。

彼女が新人の頃、初めて死後処置を任された患者さんがいた。

糖尿病がかなり進行していたお爺さんで、病院側のみならず家族側でも覚悟はできていた。

そして最期の時が訪れ、彼女はそのお爺さんに死後処置を行うことになった。

何せ初めての経験である。恐ろしいやら緊張するやらで、彼女の全身は小刻みに震えていた。

死後の身体を清める〈湯灌《ゆかん》〉という処置をしていたとき、それは起きてしまった。

仏さんの身体中をアルコール綿で清めるのであるが、彼女は蓋の開いたアルコールの瓶を死者の顔面に落としてしまったのだ。

溢《あふ》れる液体が彼の目や鼻、口内へと容赦なく流れ込んでいく。

彼女は取り乱してしまい、咄嗟に床に置いてあった雑巾で顔を拭いてしまった。

そして、その後も酷い有様であった。

耳、鼻、喉や肛門などに綿を詰めて汚物が流れ出ないよう処置をしなければならないのだが、狼狽《ろうばい》が止まらない彼女は極一部分しか処置できなかった。

遺族に渡したときまでに問題が生じることはなかったが、それから先は何が起きたか不明である。

何の苦情もなかったから大丈夫だったのかもしれないが、もしかしたらそうでなかったのかもしれない。

「怒っていたんでしょうね、私のこと」

どうして数十年も経った今になって彼女の前に現れたのかは不明ではあるが、彼女にとっては良い戒めになった。

切ってください

苦学生だった小林さんは当時、大学近くにあったボロアパートの二階で生活していた。

部屋の広さはおおよそ二畳半で、共同のトイレは一階にあったが風呂はなし。

住み始めた当初は暮らしていける自信はなかったが、住めば都ということで、いつの間にか居心地の良い我が家になっていた。


午後の講義が終わってから家庭教師のアルバイトをこなす。

日常のことではあったが、小林さんはいつも通りに疲労困憊《こんぱい》の状態で自室へと帰ってきた。

酒でも飲みたかった。しかし、そんな余裕があるはずもない。

今夜はひとつ風呂浴びてから、水でも飲んで寝ることにしよう。

小林さんはおもむろに立ち上がると、歩いて十数分の銭湯へと向かっていった。

爽やかな微風が濡れた髪の毛に当たって、思いも掛けない清涼感が堪らない。

先ほどまでとは打って変わった上機嫌で、小林さんはアパートへと向かった。

流行歌を口ずさみながら歩いていると、右足の爪先が何か硬い物を軽く蹴飛ばした。

何かと思ってよく見ると、それは真新しい爪切りであった。

煌々《こうこう》と照る満月の明かりの下、錆一つないそれは銀白に光り輝いており、何処からどう見ても新品同様にしか思えない。

「そういえば、ウチの爪切りってなまくらなんだよなあ」

今日はツイてるな、などと考えて、彼は拾った爪切りをズボンのポケットに忍ばせた。


その夜。

異様なまでの寝苦しさを感じて、小林さんは目を覚ました。

枕元にある時計の針は、二時半を指している。

一旦眠ってしまえば、些細《ささい》なことでは決して目を覚ましたことのない彼にとって、希有な出来事であった。

開け放たれた窓からは、湿気の少ない爽やかな風が時折、室内に流れ込んでくる。

六月にしては雨の少ない日が続いており、日中同様夜もまた過ごしやすい気温であった。

こんな真夜中に、どうして起きてしまったのだろうか。

半分寝ぼけた状態で考えてはみたが、当然の如く頭がちっとも回らない。

彼は再び眠りに就こうと、軽く瞼を閉じた。

風が窓枠を揺らす音がたまに聞こえてきて、何処かで虫が鳴いているらしく、つっつっつっと音がする。

それが催眠効果を及ぼしたのか、やがて彼は鼾《いびき》を掻き始めた。

つっつっつっつっつっつっつっつっつっつっ。

〈これ、何て虫なんだろ?〉

いつの間にか目を覚ました小林さんは、瞼を開けることなく考え始めた。

恐らく、何処からか部屋の中に入ったのであろう。

つっつっつっつっつっつっつっつっつっつっ。

何時まで経っても、鳴き止む気配すら感じられない。

いい加減、彼のイライラも限界を迎え始めていた。もう、駄目だ。もう、我慢できない。

確か、押し入れの奥に殺虫剤のスプレー缶があったはずである。大分古いが、まだ使えるであろう。

彼は上半身を起こすと、枕元にある読書灯のスイッチを入れた。

目映《まばゆ》い明かりに両目が慣れてくると、妙に背中の辺りが落ち着かなくなってしまった。

何者かに背後から視線を浴びせかけられているような、妙な感覚がある。

しかし、ここは自分の部屋である。他に誰もいるはずがない。

それでもこの不思議な感覚は、消える気配を見せない。

小林さんはぞわぞわとした雰囲気を感じ取り、小首を傾げながら振り返った。

そこには、見知らぬ女が立っていた。

所々黄ばんだ白いワンピースを着た、背が異様に高い、髪の長い女であった。

脂っ気が多いせいかボサボサの頭髪は厭な輝きを見せており、顔面にも覆い被さっていて、その表情は窺い知ることはできない。

しかし、その視線が小林さんに向けられていることだけは何となく分かった。

射竦《すく》められたように、彼はその場から一歩も動けなくなってしまった。

恐怖心も関係したのかもしれないが、指先一本すら自由に動かすことができない。

うっしゅっうぅぅぅぅ……うっしゅっうぅぅぅぅ……うっしゅっうぅぅぅぅ……。

多分に湿り気が含まれた、肺病でも患っていそうな奇妙な呼吸音が耳に入ってくる。

その音に追随するかのように、名も知らぬ虫の鳴き声が響き渡る。

つっつっつっつっつっつっつっつっつっつっ。

小林さんは固唾を呑み、自分の状態を確認してみる。

相変わらず、手足は言うことを聞かない。辛うじてできることは、呼吸をすることと、視線を動かすことぐらいであった。

いっそのこと気絶することができたらどんなに楽なのであろう、などと考えながら、彼は目の前に立っている女に視線を向けた。

かなり痩せた女であった。手足は枝のように細く、その皮膚は艶を失ってあちこちひび割れている。

そして右手には鈍《にび》色に光る何かを持ち、一心不乱に掌を動かしていた。

つっつっつっつっつっつっつっつっつっつっ。

小林さんの脳内で、何かが繋がった。

そうか。そうだったのか。虫なんかじゃなかったんだ。

彼の眠りを妨げていた音。その正体は、見知らぬ女が操作する爪切りの奏でる音であったのだ。

つっつっつっつっつっつっつっつっつっつっ。

正体を知ったからなのであろう。小さく乾いたこの音が、厭で厭で堪らない。

一刻も早くここから逃げ出したかったが、両手両足の自由が利かない。

誰かに救ってもらいたい一心で大声を張り上げようと試みた。しかし、その声は乾ききった喉の粘膜に吸収されたかのように、しゅうっといった情けない音にしかならなかった。

　そのとき、女が微かな声を発した。

「……てクダサイ。……てクダサイ。……てクダサイ」

　濁った音が入り交じった、長年に亘る煙草とアルコールによってダメージを受けたような嗄《しゃが》れ声である。

　話している内容が分からずに、小林さんは聴覚を研ぎすませた。

「……キッてクダサイ。……キッてクダサイ。……キッてクダサイオ」

　キる？　何を切る、と言うのだ。意味が分からない。

〈お願いです、助けてください。お願いです、助けてください〉

　彼は目を凝らして、心の中で彼女に懇願した。しかし、彼女の右手から聞こえてくる爪切りの音が大きくなっていった。

「ツメをキッてクダサイ。ツメをキッてクダサイ。ツメをキッてクダサイ……」

　最初は小さかったその声が、次第に声量を増していく。

「ツメをキッてクダサイ。ツメをキッてクダサイ。ツメをキッてクダサイ……」

「爪を切ってください！」

　ドスの利いた口調で、女が言った。

それと同時に、枝のような痩せ細った両手を突き出してきた。

その手には、触れただけで折れてしまいそうな――そして何故か親指だけ欠損していて、都合八本の指が楓《かえで》の葉のように広げられていた。

確かに、そこから生えている爪はだらしなく伸びきっており、丸まりながら指の腹に向かっているような有様であった。

その右掌には、爪切りが載っていた。

数時間前に路傍で拾った、あの爪切りに間違いない。

いつの間にか身体の自由を取り戻した小林さんは、観念してその爪切りを手に取った。

そして突き出された指を握って、右手の人差し指から順番に爪を切り始めたのである。

氷のように冷え切った女の手は、全体的にささくれ立っているかのように、かさかさに乾いていた。

彼はその指をそっと握りしめながら、まるで何かに魅入られたかのように、優しく丁寧に一本ずつ処置していく。

やっとのことで全ての爪を切り終えると、彼は何かをやり遂げた妙な達成感に包まれながら、女の顔へ視線を向けた。

さあ、終わった。これで解放されるはず。とっとと、この部屋から消え去ってくれ。

そう念じながら、目の前に立ち尽くす女に向かって媚《こ》びるような眼差しを投げかけた。

「アリがとぅ！　アリがとぅ！　アリがとぅ！」

豊かな髪の毛の合間から、薄く紫色をした口唇がぱっくりと割れて、黒々とした口内が開かれた。

異様なまでに黄ばみきった乱杭歯《らんぐいば》が見え隠れしながら、蛞蝓《なめくじ》のような舌が無気味に蠢《うごめ》いて、言葉を発し続ける。

「おレイに、ミセてあげルー！　ミセてあげルー！　ミセてあげルー！」

いや、何も見たくないから。早く、いなくなってくれ。頼むから。後生だから。

その願いも空しく、彼女は彼の手から素早い手つきで爪切りを引ったくると、自分の口内に向かって差し込んだ。

「ミでぇっっっっ！　ミでぇっっっっ！　ミでぇっっっっ！」

耳を劈くほどの絶叫を上げながら、女は自分の口の中で爪切りを動かし始めた。

ぱ、すっ。ぱ、すっ。ぱ、すっ。ぱ、すっ……。

口内の何処かに刃を立てているらしく、湿った音が鳴るたびに、女の身体がビクッと小刻みに動く。

そのたびに、顔面まで覆われていた髪の毛が揺れ動いて、糸のような切れ長の眼が露わになっていく。

想像を遥かに超える激痛に苛《さいな》まれているようにしか思えなかったが、その表情は恍惚《こうこつ》そのもので、細い両目はやけにとろんとしている。

「ミでぇっっっっ！　ミでぇっっっっ！　ミでぇっっっっっ！」

先ほどよりも強烈な絶叫が響き渡る。

全てが終わったのか、女は俯《うつむ》き加減になって荒い呼吸を続ける。

そして暫くすると、何かを足下へと大量に吐き捨てた。

それを見るなり、小林さんは吐き気を催してしまい、込み上げてくる酸味の利いた胃液を必死に押さえ込んだ。

自然に溢れてくる涙と鼻水で、とてつもなく苦しい状態であるにもかかわらず、その吐き捨てられた物体から目を逸らすことができない。

それは、前歯であった。五、六本もあったであろうか。いずれも根元から鋭利な刃物で切り取られた、黄ばんだエナメル質の物体であった。

恐る恐る視線を女へと動かすと、耳障りな笑み声が響き渡った。

きゃっはははははっあぁあぁぁぁぁぁぁ！

女は口唇を目一杯開いて、口内を彼に見せつけた。

さぞや血に塗れた状態であろうと思われたが、口内は真っ黒で、血の気すらない状態であった。

流れ出る血液の類は一切なかったが、先ほどまであった前歯が全て爪切りによって切り取られ、根っこだけの無惨な状態になっていた。

きゃっははははははははっあああああぁぁぁぁぁぁ！

またしても、女の笑い声が耳に入ってくる。

それを合図にしたかのように、小林さんの目の前が目映いまでの光に覆われた。

そして、いつしか真っ白な光景によって全てが覆い尽くされ、彼の意識はそこで途切れてしまったのである。


翌日の昼頃、彼は目を覚ました。

最初は昨晩の出来事が本当に起きたことなのかどうか判断が付かずにいた。

しかし、床に転がった爪切りと数本の黄色い歯の残骸を見つけ、今まで味わったことがないような全身の震えを感じた。

床に転がっていた爪切りと根元から無惨に切り取られた前歯をポリ袋にぶち込み、小林さんは近くの川へ急いだ。

そして手頃な石ころを袋の中に追加すると、川の流れに向かって思いっきり投げ入れた。白いポリ袋は川の中流辺りまで飛んでいくと、派手な音を立てながらそのまま水の中へと消えていった。


今になって、小林さんは思う。

どうしてあんなものを拾ってしまったのであろうかと。

あんなものさえ拾わなければ、今でも家賃のすこぶる安いあのアパートに住んでいられたのに。

あれから暫くして、アパートは引き払うしか術がなくなってしまった。

爪切りは始末したのにも拘わらず、夜中になると部屋の中からあの音が聞こえてくるのだから致し方ない。

つっつっつっつっつっつっつっつっつっ。

その音が聞こえてきても、彼は決して瞼を開かないようにしていた。

開いてしまえば、またあの女の姿を見てしまう。それが怖くて仕方がなかったからだ。

引っ越しをして間もなく、彼が道を歩いていると路傍に光るモノが落ちていることが多くなった。

しかし、彼は即座に視線を逸らしてしまうため、その正体が何なのかは分からない。

万が一この目で確かめてしまったら最後、もう一度同じ目に遭うような気がしてならないのである。

匙

ショウタは奇妙な男であった。

いや、奇妙な男になってしまったと言うべきであろう。

元々は、小綺麗な格好をした、何をやらせてもそつがない男であった。

いつも小汚い格好で粗忽者《そこつ》の田川さんとはまるで正反対の存在であったが、彼らはいつも一緒に行動するほど仲が良かった。

お互いに二回生になった頃、ショウタの様子に異変が生じてきた。

田川さんがそのことに初めて気が付いたのは、新入生で賑わう大学の学食であった。

ショウタは高価そうな紺のブレザーを羽織って、窓から見える大木を眺めながら食事をしていた。

彼の側を擦れ違っていく新入生らしき女が、ショウタの表情を覗き見ながらキャッキャッと黄色いながらも控えめな歓声を上げていく。

〈相変わらずモテる奴だな〉

田川さんは少々妬ましく思いながらも、微笑ましく感じていた。

まああいつも通りの光景に過ぎない、そう思っていた。

ショウタを誘って午後の講義に出席するつもりだった田川さんは、彼に声を掛けようとした。

「おい、ショ……」

彼の呼びかけが唐突に止まった。

ショウタは何かを食べているのではなかった。

彼はボールペンを右手でしっかりと握りしめながら、学食の机に何かを描いていたのである。

それは、ドイツ語と図形が混じり合った、意味の分からないものであった。

文字は上手な筆記体で書かれており、彼の子供じみた下手くそな字からは想像も付かないほどの出来映えである。

そして四角や円の図形も、定規やコンパスを駆使して描かれたような、素人目に見てもかなり正確な形にしか見えない。

しかし、自分のノートならまだしも、学食の机に直接書いたとあっては後々問題になるに違いない。

「……おい、ショウタ！　お、お前、何やってんだよ！」

意図せず大声になったことにも気が付かずに、田川さんはやや震えた声で言った。

その声に対してショウタは微動だにもせず、真剣な表情のまま作業に勤しんでいる。

「おいっ！　ショウタ！　よせっ！」

少々落ち着きを取り戻した田川さんは、声を潜めつつショウタに呼びかけた。

しかし彼は気にする素振りも見せずに、目の前にある机の空白を埋め続けている。

田川さんは半ば強引にショウタの手を掴み、学食の外へ力ずくで引っ張り出そうとした。

ショウタは大した抵抗もせず、ボールペンを握りしめたまま田川さんの後を付いていった。


「お前、一体どうしたんだよ？」

自分のアパートにショウタを連れていった田川さんは、開口一番そう言った。

そこは物やゴミが散乱していて座る場所などないような状態であったが、田川さんが即座に足で拵えた空間に彼らは向き合って座っていた。

いつもなら凛々《りり》しいのショウタの顔に、にやけたような薄ら笑いが張り付いていた。

「べっつにイイイイイ！　ふっつゥですようツッツッツッ」

醜く唇を歪ませて、妙に甲高い声でショウタは言った。

いつも女性の注目を浴びていた魅力的で優しい眼差しは、いつの間にか何も語ることのない魚の眼に変わっていた。

「お前、アレはまずいだろう。絶対問題になるって！」

かなり厳しい口調で田川さんは言ったが、ショウタには何も分かっていないようであった。相も変わらず薄ら笑いを浮かべている。

流石に怒鳴ってやろうかと思ったとき、更なる異変が生じた。

ショウタは突然身体を小刻みに震わせながらすっくと立ち上がると、何やら奇妙なことを口走った。

「……ガアツが……そこはカアシで……シ、シ、シ、シンケ……」

全く持って、意味不明である。

「お、おい！　しっかりしろっ！」

田川さんは気持ち強めに、ショウタの頬を引っぱたいた。

自信があった訳ではないが、錯乱した人物の頬を引っぱたけば正気に戻せるとテレビドラマで学んでいたからである。

だが、効果は絶大であった。

いきなり素に戻ったショウタは、キョロキョロと辺りを見回し、いつも通りの真顔に戻って言った。

「あれ、どうして、オレ？　何でタガワの家にいるの？」

ショウタの話によると、今日起床したところまでしか記憶がないとのこと。

学食での出来事の意味を彼に問うてみたが、そんなことは知らないの一点張りで、本人にも訳が分からない状態であった。

それから暫くの間は何事もなく過ぎ去ったが、次第にショウタは大学に現れなくなってしまった。

やはり何処か具合が悪いのであろうか。学食での奇行以来、色眼鏡で見るようになってしまったせいなのかもしれないが、彼の言動に微かな異常さを感じていたことも間違いない。

心配した田川さんは、頃合いを見てショウタのアパートへと足を運んだ。

彼のアパートは真新しいマンションの五階にあり、最寄り駅だけではなく大学へも徒歩圏内の、広い一室であった。

〈相変わらず高そうな所だなあ〉

そう思ったのも束の間、窶《やつ》れた表情のショウタに促されて部屋に入るなり、その変わりように面食らってしまった。

床はゴミや本が散乱して、足場を探すのも大変な有様であった。これでは自分の部屋と大差ないではないか、田川さんは率直にそう感じた。

爽やかな芳香剤が香る整理整頓された小綺麗な一室が、ほんの数日でここまで変わってしまうのであろうか。

そう疑問に思ったが、それより何より、散乱している書物に違和感を感じた。

床には、地味な装丁の分厚い書物が十数冊散らばっていた。その一冊の背表紙が目に留まると、田川さんはその疑問点を口に出した。

「なあ、ショウタ。お前、医学なんて興味あったっけ？」

「……ああ。勿論、だよ」

嘘吐けよ。ファッション雑誌しか興味がなかったじゃないか、お前は。講義で使う教科書すら、この部屋で見たことがないよ。大体……。

「……なあ、オレらって一応、経済学部だよな？」

その問いに、ショウタは応えることはなかった。

シャツ一枚にトランクスを穿いたまま、虚ろな表情で何か素振《すぶ》りのような動きをしていた。

目に見えない何かを持って、下から上へ押し上げる、そのような全く意味の分からない仕草である。

何度も何度も、まるで何かに取り憑かれてしまったかのように、一心不乱に素振りを行っている。

「なあ、さっきから何やってんの？」

その問いかけに対する答えなのか、彼の動きに激しさが増してきた。

ああ、もしかしたら。これは精神に異常を来しているかもしれない。

田川さんは無言で首を左右に振ると、そっとこの部屋から出ていこうとした。

「……お、お、おおおおお。タガワっち、今日は泊まっていけよ！」

唐突に大きな声が響いたかと思うと、ショウタはまるで通せんぼでもするかのように田川さんの前に立ちはだかった。

「いいスコッチがあるんだよ。いいだろ？　な。な。な。な。な」

田川さんは迷った。確かに、いつも通りの奴に見えないこともない。しかし……。

「いいだろ？　な。な。な。な。な」

ショウタの右手には、ウイスキーの瓶が握りしめられていた。仕方がない、馳走になっていくか。

「分かった。分かったから。じゃあ、飲もうぜ！」

尿意が膀胱《ぼうこう》を苛み始めて、田川さんは目が覚めた。

早く起きてトイレに駆け込みたいのはやまやまだった。しかし、アルコールを摂取し過ぎたのか、何故か全身に力が入らない。

トイレに早く行ったほうがいいことは分かっているが、身体が動かないことにはどうしようもできなかった。

まあ、もう少し経てば力も入るだろう。また、堰《せき》が決壊するまで多少の余裕があることは分かっている。それまではこの微妙な状態を愉しもう、かな。

そのとき。ほぼ無音に近いほどの密やかな吐息とともに、刺すようような視線を感じ始めた。

まるで獲物に襲いかかる肉食獣のように、静から動への瞬間を待ち侘びているような、そんな恐ろしい視線が彼の顔を舐めるように行き来している。

恐る恐る、田川さんは瞼を開いた。

目の前に、誰かいる。薄闇のせいではっきりとは分からないが、確かに誰かいる。

そいつは右手に持った何かを、彼の顔へと静かに近づけていた。

闇に目が慣れてきた途端、田川さんは悲鳴を上げた。しかし、何故か声が出ない。まるで喉に舌が張り付いてしまったかのように、まともな声が出てこない。うすぅー、うすぅー、と間の抜けた声が漏れるだけであった。

ショウタの姿が、目の前にあった。

生気の欠片もない眼で、無気味な笑みを浮かべていた。

その右手には、金属でできた何かの道具が握りしめられている。

〈あああああ、ナイフだ。ナイフだよ、絶対。これでオレを切り裂くつもりだ〉

やっぱりコイツは何処かおかしいんだ。

そんな考えが頭の中に浮かび上がったとき、ショウタの右手が田川さんの目の前まで辿り着いた。

〈ん、ナイフじゃない。何だ、コレ。コレって、スプーンじゃん〉

ショウタの手には、鈍色に輝く匙《さじ》が握りしめられていた。

その大きさは絶妙で、まるで……。

鈍色のそれが、じわりじわりと田川さんの右目へと接近してきた。

ショウタの口角が右側に吊り上がっていく。と同時に、彼の姿が朧気になっていく。まるで煙に包まれたかのように輪郭《りんかく》がぼやけてしまった。

やがて輪郭が明瞭になっていくと、それは既にショウタの身体を成していなかった。

乱れた長い白髪を振り乱した、見たこともない老人の姿がそこにあった。

濃い象牙色をした乱杭歯を垣間見せながら、乾ききった紫色の唇から吐息が漏れてくる。

ホルマリンを思わせる化学臭が辺りに充満していく。

幾重にも刻まれた顔面を醜く歪ませて、気味が悪いほど黒目がちな眼をぎらつかせながら、そいつは呟いた。

「チョット、ガマンシテテ！」

強烈な息が鼻腔に吹き掛かる。

緩やかに彎曲《わんきょく》した鈍色の金属が、ゆっくりと、だが確実に右目に近づいてくる。

瞼を閉じてせめてもの盾にしようと思ってはみたものの、何故か眼球を守るはずの鎧戸はピクリとも動かない。

眼球に触れんばかりに、スプーンが緩慢な動きで迫り来る。

間もなく味わうであろう痛みとその恐怖心からか、眼球からしとどに流れる涙が止まらない。

余りにも眼球に近づき過ぎて、迫りくる物体に目の焦点が合わなくなった、そのとき。

「わ、わあああああああああああああっ！」

寸での所で田川さんは大声を張り上げて、瞬時に飛び起きた。

そしてそのまま、一心不乱に自宅へと向かって駆けていった。

途中で生暖かいものが股間から流れ出してしまったが、この際そんなことはどうでも良かった。


それから数日して、ショウタは田舎へと戻っていった。

挨拶に来た御両親の話を聞くと、精神状態に問題が生じたことから、一旦休学して実家で療養するそうである。

「これ、ショウタから田川さんへ、是非にと」

彼の両親から彼に手渡されたもの、それは立派な木箱に入っていた。

中を開けると、そこには古びた匙が収納されていた。

「あの子が何処かで拾ってきたらしいのですが、田川さんに貰ってほしいと言うものですから」

小刻みな身体の震えを押さえ込もうと必死になっている田川さんに、彼らは首を垂れて去っていった。

赤口

灼熱の日差しを浴びながら、井村さんはスーツ姿で歩いていた。

上からのみならず、下からもアスファルトの照り返しをまともに受けている。

シャツは勿論、おろし立てのスーツにも汗染みが広がっていく。

辺りを何度も見回すが、商店どころか自販機すら見つけることができない。

勿論、公衆電話なぞ過去の遺物よろしく、その痕跡すら見当たらない。

汗に濡れた眼鏡をハンカチで時折拭きながら、彼は目的地に向かって歩き続ける。


そもそもの始まりは、半月ほど前に遡《さかのぼ》る。

ある日の午後に、複数台のコンバインを購入したいとの電話が会社に掛かってきた。

営業部長である井村さんは、早速若手の部下を営業挨拶に向かわせたが、門前で怒鳴られてすごすごと帰ってきてしまったのである。

その部下を叱責して、今度は別の部下を遣ったが、結果は同じであった。

話を聞くと、その家の主人は相当癖のある人物であるらしい。

癖と言うと小難しく感じてしまうが、はっきり言えば二つに絞られる。

やたらと声がでかい。それと、いきなり怒鳴り散らす。

若手の社員では埒が開かないと、ベテランの社員を何人も向かわせたが、いずれも挨拶の段階でこっ酷く怒鳴られてしまい、這々《ほうほう》の体《てい》で帰ってきていた。

〈ひょっとして、オレが行かないと駄目なのか〉

そう思った井村さんは、急いで客先へと電話を掛けた。

「……明日の十二時だったら会ってもいい」

受話器から聞こえるぶっきらぼうな声がそう告げる。

「はい、はい。その時間にお伺いいたしますので……」

明日は日曜日だったが、この際そんなことは些事《さじ》に過ぎない。むしろ自分の考えが正しかったことが嬉しかった。

電話を切った後、ひとまず彼は安堵の溜め息を吐いた。


外はうだるような暑さであったが、社用車内はエアコンも効いて快適そのものであった。

車載ナビによると目的地まであと十分程度で辿り着く予定である。

井村さんは鼻歌を歌いながらハンドルを握っていると、突然エンジンが異音を奏で始めた。

やがて喧《やかま》しいほどの金切り音に変わり、そしてそのままうんともすんとも言わなくなってしまった。

惰性を駆使して車を路肩まで寄せると、彼はスーツの裏ポケットへと手を伸ばした。

「……あれっ、あれっ、あれっ！」

そこにあるはずのものがどうしても見つからず、彼は身体中を掌で叩き始めた。

ない。何処にもない。携帯電話が何処にも見当たらない。

彼はやむなく、車を置いてとぼとぼと歩き始めた。

ナビ任せにしたせいで心許《もと》なかったのだが、場所は何となく頭の中に入っている。

約束の時間にはまだ余裕があったので、井村さんは気を取り直して目的地へと向かっていった。


細い砂利道を抜けたところに、立派な石造りの門構えが視界に入ってきた。

その高さは彼の身長を超えており、真ん中には鉄製のシャッターが閉まっていた。

シャッターの脇にある木製の表札に目を遣ると、達筆で「大河原」と彫られている。

〈うん。恐らく、ここに間違いない〉

汗で湿った腕時計に目を遣ると、文字盤の針は十二時四十五分を指している。

彼は舌打ちをしながら、汗ばむ指でインターフォンのチャイムを鳴らす。

少々間を置いて、くぐもった声が聞こえてきた。

「……はい」

「あ、本日お昼にお伺いするお約束を頂きました鈴木農機具の井村と申しますが……」

精一杯明るい声でそう告げると、不機嫌そうな声が聞こえてきた。

「……今、何時だっ？　あああぁぁぁっ、今何時なんだ！」

甲高い絶叫にも似た怒鳴り声が、彼の精神に容赦なく突き刺さる。

「申し訳ございません！　その、途中で……」

「言い訳はいいいっ！　黙ってろっ！」

その言葉に何も言うことができなくなり、彼は何度も頭を下げてから、神妙な面持ちをして直立不動の体勢を取った。

「……まあ、いい。話だけは聞いてやるから、ちょっと待て」

カシャンと軽快な音が聞こえるや否や、彼を遮《さえぎ》っていたシャッターが開いた。

「ほら。中に入ってこい」

敷地内に入った途端、井村さんは何とも言えない薄気味悪さを感じていた。

門を通り抜けると、向かって右側に時代を感じさせる井戸がある。

向かって左手には、こちらもかなり古そうなこぢんまりとした社《やしろ》が置かれていた。

そしてこの敷地内の真ん中に、結構新しめで小さな平屋がぽつねんと建っている。

このだだっ広い敷地にも拘わらず、目立つものは以上の三つのみであった。三つとはいえ、その特徴は突飛過ぎて、かなりの衝撃があった。

何せ、井戸、社、家。その全てが真っ赤に塗られていたのである。

そして他は、腰の高さほどの雑草が生い茂っている。

少々戸惑いながらも、彼は真っ赤に染まった平屋目指して歩いていった。

引き戸を開けようと手を伸ばした瞬間、中から禿頭の老人が顔を覗かせた。

「いやいやいや。よく来てくださった。さ、さ、さ、暑いから中へどうぞ」

満面の笑みを浮かべた老人は、赤い着物を身に纏い、昼にも拘らず、アルコールでも入っているかのような赤ら顔で話し続ける。

「いやいやいや。車が動かなくなったら、こりゃ大変だ。可哀相に、可哀相に」

井村さんは何度も低頭しながら、内心ではこの妙な違和感に首を傾げるばかりであった。

〈これって、同じ人、だよなあ〉

電話やインターフォン越しで話した人物と、目の前にいる人物。声は全く一緒なので同一人物に違いない。しかし、何だろうか、この変わりようは。

四畳半程度の狭い部屋に通された彼は、何気なく辺りを見渡した。

そこには貧乏学生が愛用しているような四角い折りたたみ式の飯台のみが置かれており、その他には天井に吊された裸電球以外何もなかった。

そして、何よりも視線を奪われたのは、真っ赤な壁紙であった。

〈また赤、なのか〉

彼は正直、げんなりした。

「赤はねえ、部長さん！　赤はねえ、命の色なんだよっ！」

熱くそう語る老人の口から唾が激しく放たれて、井村さんの顔面に数滴降り注ぐ。

「赤はねえ。そう、赤はねえ。ワシの色でもある」

嬉々としてそう話す大河原老人は、幾度となく目を瞬《しばた》かせている。

〈これは長居は無用だな〉

そう悟った井村さんは、慌てて本題に入り始めた。

「今日はカタログをお持ちしました。台数にもよりますが、ウチではかなりお安く……」

話し始めた途端、老人はきょとんとした表情を見せ始めた。

「え、え、え、え？　部長さんは、儂に何を売る気なんですか？」

井村さんも意味が分からず、目を大きく見開いて、老人の顔をまじまじと見つめ続ける。

「えええっ！　コンバインの件で御連絡いただいたのでは？」

「コンバイン？　ああ、コンバインねえ。うん、まあ、アレは要らないなあ」

見開かれた双眸《そうぼう》をぎらぎらとさせながら、老人は妙に納得したような表情を見せる。

「……あ、そうでしたか。ではカタログを差し上げますので」

その態度に正直ムッとしたが、井村さんは一刻も早くこの場から逃げ出したかった。

彼はカタログを飯台に置くと、お暇《いとま》するべく頭を下げた。

「あれれっ。もう帰っちゃうんだ。ふーん、そう、なの」

老人はぷくりと頬を膨らませて、あからさまに不機嫌な態度を見せた。その子供じみた表現に更に苛立ちながらも、井村さんは終始笑みを絶やさず対応を続けた。

「おい！　帰る前に、これだけは覚えとけよ！」

老人の口調が唐突に豹変し、甲高さを増した声が狭い部屋中に響き渡った。

「アカに染まってくたばっちまうんだよ、お前らはっっっっっっっっっ！」

腹の中が煮えくり返るような気持ちを抑えながら、井村さんは直帰した。

〈ったく、何だよあのクソジジイは！〉

自宅に帰るなり部屋着に着替え、朝に読めなかった朝刊に目を通そうとした。

テーブルの上に畳んであった新聞に手が触れた途端、彼は凄まじい悲鳴を上げた。

「ど、どうしたの！　一体！」

慌てて奥さんが駆け込んできたが、井村さんの姿を見るなり、こちらもヒステリックな絶叫を鳴り響かせた。

「ア、ナ、タ！　どうして、何で、どうしたのョ！」

彼は全身真っ赤に染まっていた。部屋着に着替えたにも拘わらず、血に塗れたかのように、緋色に染まっていたのだ。

そして彼が悲鳴を上げた原因は、自分の手が触れた新聞が見る見るうちに、赤色に変色していったからである。

その現象はその日限りで収まった。

しかし、異変はそれだけでは済まなかった。

気が付いたのは、朝食のときであった。焦んがりと焼き上げたトーストにマーガリンを塗っていると、視界の隅に青白い靄のようなものが入り込んできた。

と同時に、何者かの視線をも感じた。

グラスの牛乳を飲みながら視線を移したとき、その姿をはっきりと捉えた。

それはおおよそ三十センチ四方の煙のようなもので、何とも捉え所のない代物であった。

しかし、その中心から驚くほど大きな目玉が覗き込んでいる。

通常の人の目のように思われたが、それにしては大き過ぎる。約三倍程度のサイズである。

井村さんは食事を摂るのも忘れ、まるで魅入られたようにその漆黒の瞳から視線を外すことができなかった。

瞳が、ぐうるりと上方に回転した。そして現れたのは、鮮やかな紅の瞳であった。

薄気味悪い真っ赤な瞳に睨《ね》め付けられた途端、彼は強烈なストレスを覚え、胃に鋭い痛みを感じた。

それを合図にでもしたかのように、その瞳は唐突に消えてなくなってしまった。

それからというもの、気が付くとその瞳は、何の前触れもなく姿を見せるようになった。

まるで一挙手一投足を監視するかのように、赤々とした瞳から発せられる鋭い視線が、彼を責め苛んでいく。

暫くすると消えてしまうが、その視線を感じない日は殆どなくなってしまった。

家の中のみならず、通勤時の車内や勤務時の社内でも、それは容赦なくこちらを窺い続ける。

終始誰かに見つめられているような感覚に、彼は心底参ってしまった。

こんな状態が続くようであれば、胃の痛みのみならず、気がおかしくなってしまいそうだ。

井村さんは、あの異様な老人と赤色の瞳は何か関連性があると確信していた。勿論、証拠は一切ないが。

「ワタシの何処が悪かったんでしょうか、ね」

最早消え去ることのない真っ赤な視線を感じながら、彼は目を泳がせながら言った。

「大体、車が故障したことだって知ってるはずがないのに……」

それもそうである。車の故障のことは、あの老人には一言も言っていない。

身も心も疲れ果てた彼の表情や仕草は酷く弱々しく、はっきり言って見ているほうが忍びない。

何度も何度も老人に連絡を試みたが、社内外問わず誰一人として連絡を取ることができずにいる。

例の赤い平屋で大河原老人は今も暮らしていると思われるが、一体彼は井村さんの何が気に食わなくて、そして何をしたのかは全く不明であるとしか言いようがない。

　そして、老人が言った「アカに染まってくたばっちまうんだよ」というその言葉。その言葉通りに事態が進行しているとでも言うのだとしたら……。

トランク

梅雨時の深夜のこと。

水島さんがアパートの自室で寝ていると、外のほうから何かを引き摺るような音が聞こえてきて目が覚めた。

……からッ、からッ、からッ、からッ、からッ、からッ。

何処かで聞いたことがある音に間違いないのだが、全く思い出せない。

そのまま眠ろうとしたものの叶わず、仕方なくうとうとしながらその音を聞いていた。

すると頭の中で、サラリーマンがトランクを引っ張りながら歩いている映像が浮かび上がってくる。

〈ああ、これって。トランクを引っ張る音じゃないかしら〉

気になって仕方がなくなってしまい、彼女は正体を確認しようと窓に近寄った。

カーテンの端をちらりと捲って覗き見たところ、黒い衣装を身に纏った背の高い男が、これまた大きなトランクを引き摺って歩いている。

水銀灯一つの薄明かりの中、乾いた音が深夜の静寂を破っているように思えた。

そのとき。

男の足が、ひたと止まった。

彼女も固唾を飲んで、その場で固まる外なかった。

まるで金縛りにでも遭ったかのように、どうしても身体が言うことを聞いてくれなかったからである。

何時まで続くのか見当も付かないほどの時間を経て、いきなり男の首がぐるりと回った。

顔はこちら側を向いていると思われたが、顔も含めて全身が黒一色ではっきりとは分からない。

そして、男の両目と口が一気に開かれた。

開かれた部分は全て、真っ赤に染まっていた。

雷に貫かれたかのように全身をビクッとさせると、水島さんはそっとカーテンを閉め、布団に身体ごとくるまった。

夏も近いというのに、まるで布団の外へ身体の一部分でも出すことが禁忌に触れるかのように思えた。

……音が聞こえてくる。

遠くのほうから、からからからっとした乾いた音が次第に近づいてくる。
水島さんは汗ばんだ両手で掛け布団をぎゅっと掴むと、身体に密着させた。
……からン、からン、からン、からン、からン、からン。
この音は恐らく、アパートの階段を上っているのだろうか。
……がらン、がらン、がらン、がらン、がらン、がらン。
ゆっくりと、でも確実に近づいてきている。
……ガラガラガラガラっガラガラガラガラっ……。
もうすぐ、この部屋の前に辿り着いてしまう。
彼女は瞼をしっかりと閉じた。
きっと何かの間違い。
このまま眠った振りをしていれば、きっと大丈夫。
乾いた音が止んだ。
〈ああ、良かった!〉
彼女の表情が明るくなりかけたとき、突然ドアノブが大きな音を立てて動き始めた。
と思ったらすぐに止まった。
すると突然、物凄い力で掛け布団を引ったくられた。

あっという間に干上がってしまったと感じられる喉は、幾ら頑張っても悲鳴一つ出てきやしない。

彼女は剥き出しになった身体を守るように、顔の前で両手を交差させた。

目の前には、黒々とした顔があった。

鼻面がくっつくほど近くで、朱に染まった両目と大口を目一杯開かせながら、こちらを窺っている。

その大口が無気味に蠢いて、言葉を発した。

「……ホら、クレてやるぅわナ」

その瞬間、男は引いてきた黒いトランクを持ち上げて水島さんの顔の上まで動かすと、一気に中身をぶちまけた。

ドサドサッと何かの塊が顔面に落ちてきて、軽い痛みが走る。

それを合図にしたかのように、彼女の口からとてつもなく大きな悲鳴が溢れ出た。

黒い大男はトランクもろとも何処かへ消えてしまったらしく、既にいなくなっていた。

隣の部屋から壁を叩く音が聞こえてきた。

恐らくさっきの悲鳴が煩《うるさ》かったのであろう。

(明日、謝りに行こう)

そんなことを考えながら、水島さんは布団から立ち上がって、辺りを見回した。

見覚えのないものが、この部屋のあちこちに散乱している。

彼女はその一つに恐る恐る手を伸ばした。

それは、十枚程度の写真を輪ゴムで纏めたものであった。

カラー写真と白黒写真が無差別に束ねられており、男性もしくは女性の写真であった。

そこに写っている人はいずれも面識のない人物であったので、意味が分からない。

彼女は部屋中に落ちていたそれらを拾い集めて、全てに目を通してみた。

しかし、そこから分かることは何もなかった。知らない人の写真の集合体に過ぎない。

水島さんの背中を、冷たい汗が一粒二粒、流れ落ちていった。


「あの写真、まだ部屋にあるんですよ」

捨てられる訳ないじゃないですか、と泣きそうな声で水島さんは言う。

確かに、見ず知らずの人が写った大量の写真など、どう対処すべきか分かるはずもない。

近くの神社に持ち込んだらどうですか、とアドバイスはしたものの、果たしてそれが正解なのかどうかも分からない。

「ところであの黒い大男は、もう出てこないんですか？」

気まずい空気を何とかしようとして、私は質問を投げかけた。

その途端、彼女の顔に赤みが差した。ぷるぷると小刻みに震えながら、鬼のような眼差しを向けて、こう言った。

「ほっといてください！」

彼女が怒り狂った理由は、未だに不明である。

都会嫌い

転職希望のマミさんは、四日後に控えた地方公務員の筆記試験に向けて勉強していた。

卓上時計によると、時刻は午前二時近く。

午後九時頃に会社から帰ってきてそのまま勉強を始めたので、おおよそ五時間近く机に向かっていたことになる。

血走った目をぎらつかせる彼女は、悲壮感を漂わせながらテキストに集中し続ける。

早く故郷に帰って、そこで暮らしたい。こんな人だらけの所には金輪際住みたくない。

その思いが、容赦なく彼女の精神を追い詰めていく。

窓から入ってくる街灯の明かりが、数回瞬いた。

〈ちぇっ、気が散るじゃない！〉

彼女は充血した目を窓に向けると、思いっきり睨め付けた。

その瞬間、意図せず息が止まった。驚きの余り、暫くの間そのまま呼吸自体を忘れてしまうほどに驚愕し、そして怯えた。

それは、張り付いていたのだ。

両手両足を伸ばして大の字になりながら、背中側を窓硝子にくっつけるようにして。

黄土色の徳利セーターを着て、紺色のジャージを穿いた、裸足の人間が。

後ろ髪が首筋まで伸びていて、物凄く鬱陶《うっとう》しそうではある。

そんな男が、まるで背中に吸盤でも付いているかのように窓硝子に密着していたのだ。

〈ひょっとして痴漢？　泥棒？〉

半ばパニック状態に陥り悲鳴を上げようとしたとき、あることに気が付いた。

この部屋は三階に位置しており、あの男がくっついている窓にはベランダも何もない。

何で？　どうして？　どうやって？

彼女の思考は混乱状態のまま停止しかけたが、次第に冷静さを取り戻してきた。

そして、まず最初に気付くべき点に気付いて、思わずくぐもった悲鳴が口から溢れ出てきた。

〈……あの男の人、相当小さいんじゃない？〉

それもそのはず。幅が四十センチ程度しかない硝子窓二枚分に、人が大の字になっているのである。

勿論硝子に背中を付着させているのも十分おかしいのだが、その大きさ自体も到底信じられるものではなかった。

そのとき、男の身体がもじもじと動き始めた。

手足と胴体を器用に蠢かせつつ、後頭部を小刻みに震わせているようでもあった。

〈まさか、こっちを向くんじゃないでしょうね〉

マユミさんは静かに窓へと近寄ると、素早くカーテンを閉めた。

冗談じゃない。あんな変なものの顔なんて拝みたくもない。

そしてそのまま、部屋の灯りを消すと、するりとベッドの中へ潜り込んでいった。


「だから、都会は厭なんです！」

あんな非常識な人がいるんだから。

マミさんはぷりぷりと怒りながら、語気を強めた。

彼女は、今では念願叶って田舎の町役場に勤務しているのだが、どうやら昔を思い出したせいで不機嫌になってしまったようである。

映画鑑賞の集い

池田君がその異常に気が付いたのは、里美不動産で紹介されたアパートに引っ越してきてから一週間ほど経った頃である。

しかも自分で気付いたのではなく、好奇心の強い新聞拡張員に教えてもらったのであった。

呼び鈴が鳴って玄関のドアを開けると、長髪の若い男が糸のような細い目を精一杯見開いていた。

まるで、自分が姿を現したこと自体に驚いているような表情である。

「……あ、そこの新聞店のものでスけど」

「要らないです」

不機嫌そうにそう告げて、ドアを閉めようとしたとき、拡張員の右足が素早く動いてそれを阻止した。

「えーと、その。新聞は取らなくていいっスから、一つだけ教えてくださいヨ」

まるで新聞購読を勧めにきたのは口実であると言わんばかりである。

「ったく。何だよ」

「何で、こんなハイキョに住んでるんスか？」

「はあ？　ハイキョ？」

ハイキョって何だろう。ハイキョ……ひょっとして廃墟か？

池田君の頭に、かっと血が上った。

「アンタ、いきなり失礼なこと言うなよ、な！」

ここは確かに古いし、決して綺麗なアパートじゃないけれど、廃墟とまで言われる筋合いはない。

相手を睨め付けながら語気を強めると、拡張員は頭を振った。

「ち、違いますよ。じゃあ、気付いてないんスか？　ここ、あなたの他は誰も住んでないっスよ」

誰も住んでいない？

一瞬、意味が分からなかった。誰も住んでいない？

拡張員が帰った後、池田君は慌てて外に出た。

辺りの部屋を見渡すが、別に異常は感じられない。

強いて言えばどの部屋の表札も空欄のままであったが、彼自身もそのままにしていたし、そんなに珍しいことではない。

このアパートの部屋のベランダは全て西側に位置しており、そこは五階建てのビルに面している。

〈そういえばアパートのベランダ側って見たことがなかったな〉

面倒ではあったが好奇心のほうが勝っていたらしく、彼はアパートを出るとビル側に回ってみた。

「……うわぁぁぁ」

これは確かに、廃墟であった。思わず声が出てしまうほどの、ハイキョっぷりであった。

このアパートは二階建てである。一階と二階にはそれぞれ五室ずつある。池田君は一階の一〇三号室に住んでいる。

一〇三号室以外の部屋の窓には、その全てに外側から板が打ち付けてあったのだ。

池田君は、ここに引っ越してきて以来、他の住人と一度も顔を会わせていないことに今更ながら気が付いた。

確かに、安普請で壁が薄そうな割に、隣室や階上の音を気にしたことが一切なかった。

しかし、だ。

集合ポストの所に貼られた色褪せた張り紙には「ゴミは決められた曜日に出しましょう」と書かれてあるし、駐輪スペースにも自転車が三台駐まっている。

一台は彼のもので間違いなかったが、他の二台は持ち主がいないとでもいうのであろうか。

だが、他の人が住んでいると言えるだけの根拠としては、乏しいのは確かである。

〈そうだ！〉

池田君は全ての部屋の前まで足を運ぶと、電気メーターを確認することにした。

人が住む限り、電気を使わないなんて有り得ないのではないだろうか。

一階から二階まで、全ての部屋を確認していったが、彼の足取りは次第に重くなっていった。

どの部屋も、電気のメーターは微動だにもしていなかった。

〈マジでか。かなり、無気味じゃないか、ココって〉

仲介した不動産屋に苦情を言おうかとも一瞬思ったが、落ち着いて考えてみると、苦情を言う筋合いではないことに気が付いた。

居住者が他にいないから、一体どうしたというのか。そんなことを告知する義務がないのは明らかであった。

よく考えてみるまでもなく、これによって池田君が困ることは一つもない。

それどころか、友人を呼んで大騒ぎしようが、徹マンで一晩中牌をジャラジャラさせていようが、苦情は一切来ないという素敵なことである。

何とも魅力的な話ではないか。

しかし、この広い建物に自分以外住人がいないというのは、余り気持ちのいいものではない。

ただ、それだけのことに過ぎない。


それから一週間が経過した。

他に住人がいないと知ったからといって何かが変わる訳でもなかったが、幾つか気になる点があった。

どうしてこのアパートは廃墟なのか、といったことと、何故この部屋だけ貸しているのだろうか、ということである。

勿論、この部屋だけ貸している訳ではなく、たまたま他の部屋が埋まっていないだけなのかもしれない。

しかし、空き部屋だからといって窓を板で塞いだりするとは、到底思えない。

そもそも、このアパートは閑静な住宅地に建っていて、駅から徒歩五分程度といった好立地である。

近くにスーパーもあるし、大学にも近いことから、様々な店や施設があって、決して不便な場所ではない。

よって部屋が全然埋まらない、ということからしてかなり奇異に思える。

建物自体は確かに古い。

それは、間違いない。

古いけれども、この程度なら他にも何軒かこの近所でも見かけるし、それらの部屋も概ね埋まっているようであった。

所謂不法占拠の片棒を担がされているのではないか？　と心配してくれた友人もいたが、仮にも認可を受けた不動産屋が仲介している物件である。

格安とはいえ家賃も受け取っているのだから、そんなはずはないと思うし、そう思いたかった。

ある日の早朝、集合ポストに目を遣ると、見慣れない手書きの張り紙がしてあった。

ゴミ出しの注意が貼ってあるすぐ右脇に、所々に錆が浮いた無骨な画鋲で留められている。

深夜映画の集い。

四月二十五日　二十三時から。

於二〇三号室。

初参加、**大歓迎！**


最初は勿論、何だこれは、悪質なイタズラなのか？　としか思えなかった。

しかも御丁寧に、強調するかのように大歓迎の文字だけ太く書かれている。

紙はゴミ出し注意の張り紙と同じ程度に黄ばんでおり、結構な年季が入っていた。

そういえば、引っ越したばかりの頃にも同じような内容の張り紙を見たことを思い出した。

その頃は住人がいないとは思っていなかったので、随分と住人同士の交流のあるアパートなんだな、と妙に感心した覚えがある。

以前確認した通り、このアパートには池田君以外の住人はいないようである。二〇三号室も、窓には板が打ち付けてあったし、電気メーターも一切動いていない。

とすると、集いは実際にあって、そのためだけに部屋を借りている人物がいる、という可能性も浮上してくる。

しかし、もしそうだとしても、集いのメンバーが誰も居住してはいないのに、どうしてここに告知しているのであろうか。

他にも幾つかおかしな点はある。あることはあるのだが、先ほどの説明で一応納得することができるのかもしれない。

いずれにせよこんな告知方法の集いである。どうせエロビデオの鑑賞会だろう。どんな奴らが来るのか見に行ってみるか、と池田君は思った。

常夜灯の灯っていない二階の共同通路は、街灯の薄明かりと朧気な月明かりに照らされて、予想していたよりも大分歩きやすかった。

お目当ての二〇三号室の前まで行くと、まずは電気メーターに目を凝らした。

ボックス内部の円盤はぴったりと止まっており、動く素振りすら見せない。

〈やっぱりな。やっぱりイタズラじゃないか〉

そう思いつつ、ドアの脇にある呼び鈴を押してみる。

耳を澄ましてみるが、乾電池が切れているのか抜いてあるのか、室内からは何の音も聞こえてこない。

「ったく。バカじゃねえのっ!」

毒づきながら自室に戻ろうと背を向けた瞬間、油の切れた厭な音を立てながら、ドアが緩やかに開いた。

「……どうぞぉ」

真っ暗な室内から若い男と思われる弱々しい声が聞こえてきて、池田君は大げさなまでにぎょっとした。

〈うわっ、コレ。コレってどうすれば？〉

頭の中が混乱して、どうすべきなのか考えが纏まらない。

「……さぁ……どうぞぉ」

甲高くひ弱な声が、彼を誘う。

池田君は心を決めて、深い呼吸を一つしてから、室内へと足を運んでいった。

玄関に足を踏み入れた途端、奥のほうから四角い灯りが見えてきた。

足下に目を遣ると、小汚いスニーカーやサンダルで埋め尽くされているではないか。

彼は玄関にサンダルを脱いで、恐る恐る奥のほうへと進んでいった。

玄関の先には短い廊下があって、向かって左側に小さな台所、右側にはユニットバスがある。

この間取りは池田君の部屋と同様である。

そして廊下の先には部屋が一つだけあるのだが、その一番奥に十四インチ程度の小さなブラウン管のテレビが備え付けられていた。

上映していたのは、白黒の古いアメリカ映画らしく、メイクを施された死神を思わせる幽霊が、画面一杯に映っている。

そして、そのテレビを取り囲むようにして、この鑑賞会に訪れた数人の客達がボソボソと何事かを呟きながら鑑賞しているらしかった。

何せ、室内が暗過ぎて彼らが着ている服すら見えないのであるから、どんな人達が集まっているのか全然分からない。

顔貌や年齢どころか、性別すら判断が付かない状況なのである。

また、映画上映中に話しかけるほどの度胸は、池田君には備わっていなかった。

彼は映画に集中することができずに、周りの人達の姿を見ようと必死に目を凝らしてみたが、何の意味も為さない。

やがて画面は唐突に暗くなって、それとともに周りの人達の声どころか気配まで一斉に消えてしまった。

暫く画面に注目してみるが、暗いままで一向に変わることもなく、また次の映画が始まる様子もない。

「……あの。すみません。次の映画はまだですか？」

我慢の限界が訪れたのか、池田君はすっくと立ち上がり、周りの人達に向かってやや大きめな声で話しかけた。

しかし、何の反応も返ってこない。

「……あの。すみません！」

誰も、何も答えない。

「ちょっと、灯り点けますね！」

痺れを切らせたのか、池田君はポケットから小型の懐中電灯を取り出して、スイッチを入れた。

決して力強くはなかったが、狭い室内を照らすには十分であった。

広がる円形の光が辺りを照らし始めた。が、そのおかげで池田君はねっとりとした汗を流すこととなった。

幾ら探しても、室内には誰もいなかったのだ。

背中を何度も流れていく冷たい汗とともに、心臓の動悸がこれでもかとばかりに激しさを増していく。

喉がカラカラに乾ききってしまい、時折舌が口内に張り付いてしまう。

そして、先ほどまで白黒の映画を映していたはずのブラウン管は、画面が派手に割れており、周囲には立派な蜘蛛の巣まで張ってあるではないか。

池田君は恐慌状態に陥らないように、荒々しく深呼吸しながら、ゆっくりとその部屋を出て行った。

短い廊下を渡って玄関まで辿り着いたとき、先ほどまでそこにあった大量の履き物が綺麗さっぱりなくなっていることに気が付いた。

しかも、彼のサンダルまで消えていたのである。

やむなく、裸足のまま玄関を抜けようとしたとき、先ほどと同じ声が何処からともなく聞こえてきた。

「……まぁた、いらっしゃいなぁ」

その声を聞くなり、彼は全速力で自室へと戻っていった。

その晩は一睡もすることができずに、彼は布団にくるまって朝まで震えていた。

それから数日経った、ある日の朝。

午前中の講義に出席しようと部屋を出たときのこと。

何気なく集合ポストに視線が移ってしまった。

そこには、あのチラシがまたしても貼ってあったのである。

深夜映画の集い
五月八日　二十三時から
於二〇一号室。
初参加、**大歓迎！**

全身に広がる悪寒と戦いながら、彼は自転車に跨《また》がって大学へと向かった。

親分

杉本さん夫婦は大の猫好きである。

結婚したのをきっかけに手頃な中古住宅を購入して、現在八匹の猫達と暮らしている。

あるときのこと。

奥さんが何気なく応募した冷凍食品の懸賞で、ペアの温泉宿泊券が当選した。

日頃は可愛い猫達が心配で泊まりにいくことはなかったが、二人とも身体の疲れが溜まっていた頃だった。

そろそろリフレッシュすべきだと考え、今回だけは外泊することにしたのである。

ドライフードや飲み水がたくさん入る、ちょっと大きめの食器類をわざわざ購入した。

更には宿泊先で彼らの様子を確認できるよう、小型のＷｅｂカメラまで設置した。

温泉に浸かってゆっくりして部屋に戻った夫婦は、早速ノートパソコンを取り出して、愛猫達の留守番の様子を見始めた。

お世辞にも明るいとは言えないＬＥＤ灯の下、猫達は水を飲んだりドライフードを食べたりしている。

中には追いかけっこをしている猫達もいて、いつも通りの光景であると安心した。

そろそろ酒でも飲み始めようと思っていたとき。

「あれっ！」

奥さんが素《す》っ頓狂《とんきょう》な声を上げた。

話しかけても、一心に画面を見ながら指折り数えている。

「メリー、じろう、マイケル……」

数え終えてもその数字が信じられないらしく、再度数え直す。

「ねえ、何か一匹多いんだけど。ほら、あの白い猫って、誰？」

モニターに目を遣ると、確かに大きくて白い猫が居間を闊歩《かっぽ》している。

その白猫がごろりと横臥《おうが》すると、家の猫達は今までの勝手気ままな行動を即座に取りやめて、白猫の周りに集まってきたのである。

白い大猫の周りに恭《うやうや》しく並んだ飼い猫達。

熱い眼差しで見上げる様や、御機嫌を取るかのように毛繕いをしている姿が、杉本さんにはまるでボスを敬う態度のように思えた。

そのとき、このカメラの存在に気が付いたのか、白猫はおもむろに立ち上がると、のっしのっしと大儀そうに歩み寄ってきた。

すんすんと臭いを嗅いでから、まるでこのカメラを通してこちらを見ているかのようにじっと凝視している。

モニター越しにも拘わらず、その暖かな眼差しを浴びていると、二人とも何故か悲しいような懐かしいような気分になってしまった。

そしてそのまま、白猫はその場からすうっと消えてしまった。

いつの間にか、二人とも涙ぐんでいることに気が付いたのである。


両目を真っ赤に腫らしながら、妻が言った。

「明日さ、できるだけ早く帰ろうよ」

家に辿り着くと、猫達はいつも通りの様子であった。

念のため点呼を取ってみるが、皆、無事に過ごしていたようだ。

しかし、幾ら探しても、例の白い猫は何処にもいなかった。


「ウチは完全室内飼いなんで。ウチから出たり入ったりはできないんですが」

あの猫は一体どのような関係でこの家に現れたのであろうか。

何しろ、あのような猫は野良でも今まで見たことがないし、二人とも過去に白い猫を飼ったことすらないのである。

くまん

……ガタンガタンッ……ガタンガタンッ……。
夜の静寂を破って、電車がやってくる。
……ガタンガタンッ……ガタンガタンッ……。
車輪の軋《きし》む音とともに、不快な振動までもがはっきりと伝わってくる。
しかし、揺れを感じているのは自分だけで、部屋にあるものは微動だにしていない。
〈またか。もう、いい加減にしてほしい〉
東野さんは瞼を擦りながら、布団から半ば身体を起こした。
あの電車がやってくる。本当は、来るはずもないのに。
……キキキキキィッーーーーッ……。
耳を劈くブレーキ音が鳴り響く。
〈ここんところ、毎晩ずっとだ〉
彼女は布団の上で上半身を起こしながら、深い溜め息を吐いた。

「うちは線路からかなり遠くて。電車の音なんか全然聞こえないはずなんですよ」

東野さんは二十代の会社員である。

彼女がその音を聞き始めたのは、ほんの二カ月ほど前のことになる。来るはずのない、電車の音を。

勿論最初の頃は、他の音を勘違いしているだけなのだと考えていた。しかし、特異なその音と振動に彼女は覚えがあった。

「確か十歳頃までだと思いますが……」

彼女は小学校の低学年まで、線路の近くにあるアパートに住んでいた。

その頃は毎日のように電車の通る騒音に悩まされていた。今回の件は、嫌というほどに経験していた騒音と振動に瓜二つであったため、間違いようがなかった。

直に両親が離婚して、彼女は母親に引き取られることになってしまった。そして母娘は、隣の県にある市営団地へと引っ越した。

おおよそ十年以上もその団地で母親と暮らしていたが、東野さんは就職を機に隣町で一人暮らしを始めていた。

それから間もなくである。深夜になると、電車の音に悩まされるようになったのは。

「もう、ね。気が狂いそうだったんですよ！」

語気を強めながら、東野さんは言った。

それもそのはず。来るはずのない電車の音と振動は、おかしなことに彼女にしか知覚できないのである。

他には誰一人として、たとえ遊びに来た友人といえども、そんな音や振動は全然聞こえていないし感じてもいないようであった。

悩みに悩み抜いた結果、彼女は一つの仮説に辿り着いた。

恐らく、全く関係がないと思われる。でも、何かあるとすれば、あそこ以外には考えられない。

「それで休みの日に……」

彼女は小学校低学年の頃まで両親と一緒に住んでいた、例のアパートまで足を運ぶことにした。

こんなことをして、何かが変わるなんて思っていない。けれど、世の中には万が一という言葉があるくらいだから、一縷《いちる》の望みを掛けていたことも確かであった。

電車に揺られて数時間ほどが経過した。

東野さんはやつれた表情で電車から降りると、駅の東口から出て歩き始める。

この辺りも開発が進んだらしく、子供の頃の思い出とはかけ離れた風景になっており、何の感慨も思い浮かばなかった。

駅を出てから十分程度歩いた頃、目的地へと繋がっている細い道を歩いていたときのこと。

急激に胸の辺りが重苦しくなっていき、妙に切ない感覚に襲われてしまった。

両親と手を繋いで一緒に歩いた、この道。友達とはしゃぎながら登校した、この道。

様々な思い出が、彼女の頭の中に急流のように流れ込んでくる。

「あの頃は、一番楽しかったなあ。両親の仲も良かったし」

懐かしさに胸を熱くしながら歩いていると、いつの間にか目的地の前へと辿り着いていた。

家族三人で仲良く暮らしていた、線路脇のアパートである。

彼女は建物の前に立ち尽くし、人目も憚《はばか》らずボロボロと涙を流し始めた。

外観だけ見れば、以前住んでいたアパートに違いない。しかし、この有様はどうであろうか。

入り口や駐輪場には背の高い雑草が蔓延《はびこ》っており、建物を囲むように有刺鉄線が一周していた。

「不法投棄厳禁」と赤い文字で書かれた黄色い看板が、建物の周りに幾つか立っている。

彼女は慎重に、線路側に位置している建物の裏側へ回ってみた。

窓側には枯れた蔓植物のようなものが夥《おびただ》しく垂れており、投石のイタズラか何かなのか、殆どの部屋の窓硝子は割られて丸い穴が開いていた。

溜め息を吐きながら、彼女は正面へと再び回った。

有刺鉄線が侵入者を拒んでいたが、やむを得まい。

怪我をしないように気を付けながら、彼女は恐る恐るその廃墟へと侵入していった。

何が東野さんをしてそんな危険な橋を渡らせたのかは分からない。しかし、このままではいけない。ここに来れば、何かが分かるような気がする。そのような漠然とした期待だけが、彼女を突き動かしていた。

彼女が家族と住んでいた部屋は、二階の角部屋であった。

足下に気を付けながら、東野さんはその部屋の前まで辿り着く。

「鍵なんて掛かっていない。何となくですけど、その確信はありました」

ドアノブを回したところ、案の定鍵は掛かっていなかった。

油が切れて久しいらしく、耳障りな音を立てながら、扉は開いた。

そこから見える玄関は予想以上に綺麗であった。蜘蛛の巣がびっしりとか、横たわった鼠の死骸とか、そういった想像だけが先走っていたが、どれも正解ではなかった。

だが、彼女の全身が一気に粟立った。

綺麗なのだ、綺麗過ぎるのだ。まるで定期的に清掃でもしているかのように、玄関や廊下には塵芥《ちりあくた》一つ落ちていないのだ。

流石にこれはおかしい。もし管理をしているなら、あの雑草だらけの外観はとてもじゃないが考えられない。

だが、この異常さにも拘わらず、彼女の決意は揺るぎもしなかった。絶対に、この部屋に理由があるに違いない。それを見つけるためには逃げ出す訳にはいかない、と。

辺りを丹念に見回しながら、東野さんはゆっくりと歩を進めていった。

玄関を抜けて短い廊下を通ると、六畳間が二つと四畳半の部屋が一つ。かつての居間と両親の寝室が六畳間で、四畳半が彼女の部屋であった。

意識を集中させながら、まず居間へと足を踏み入れた。埃一つ落ちていなかったが、気になるものも何一つなかった。

次に、両親の部屋に入っていった。ここも居間と同様に、不審なものは何一つ見当たらない。

東野さんは最後の祈りを込めながら、かつての自室である四畳半へと入っていった。

しかしここにも、埃一つ落ちておらず、ほんの数分前に完璧に清掃を行ったかのような状況であった。

彼女は、深い嘆息を吐いた。絶対に何か手掛かりがあると考えていたが、何もありはしないではないか。

期待を持って開いた押し入れにも、何も残されていなかった。

万事休す、なのか。

無力感に苛まされながら、彼女は思った。

——もう、家に戻ろう。自分の考えが間違っていたんだ。

半ば虚脱しながら重い足取りで玄関先へと戻ろうとしたとき、再び視線が押し入れの中へと移った。

「……あっ！」

余りのことに言葉が出てこない。

押し入れの中には、全長三十センチ程度の茶色い熊のぬいぐるみがぽつんと座っていた。

どうしてこのぬいぐるみが、こんな所に？　いや、それどころかさっきは何もなかったのに、どうして？

頭の中が真っ白になってしまい、考えが全く纏まらない。

呆けたような表情で暫く見つめていたが、次第に思い出してきた。

そう、これは……。

お父さんに貰ったぬいぐるみ。ぎゅっと抱きしめると、「うふふふっ」と女の子のような可愛らしい声で笑いだす。そして、目をきょろきょろと動かす〈くまん〉という名のとっても面白い子。

嬉しくって嬉しくって、朝から晩まで片時も離したことがなかったっけ。

でもある日突然、お母さんに取り上げられて捨てられてしまった。

今まで見たこともない鬼のような形相で、無理矢理奪い取られたんだった。

しかし、幾ら考えても分からない。どうしてこのぬいぐるみがここに残っているのであろうか。

ここを引っ越したとき、忘れ物がないか何度も確認したはずである。それ以前に、このぬいぐるみは自分が小学校に入る直前に、母親によって捨てられてしまっていたのだ。

分からない。幾ら考えても、さっぱり分からない。

東野さんは懐かしさで胸が一杯になるのを堪えながら、ぬいぐるみをそっと両手で持ち上げた。

目を凝らしてみると、右の耳に補修の痕があった。うん、〈くまん〉に間違いない。

貰ったばっかりの頃、友達と奪い合いになって、右耳が千切れてしまったのだ。随分と悲しかったけど、すぐにお母さんが縫って直してくれた痕である。

彼女は昔を思い出して、そのぬいぐるみを力一杯ぎゅっと抱きしめた。

しかし、〈くまん〉は鳴くどころか、目を動かすこともなかった。

当たり前のことであろう。恐らく、乾電池が抜かれているのだろう。たとえ電池が入っていたとしても、とうに切れているに違いない。

彼女はぬいぐるみの背中へと視線を向けた。そして乾電池を入れる場所を探してみるが、布の継ぎ目すら見当たらないことに気が付いた。

頭の先から足の先まで丹念に触れて確認してみても、電池を入れる所は何処にもなさそうであった。

触った感じでは、一般的なぬいぐるみそのもので、スピーカーや可動装置が入っている気配は一切感じられない。

慌ててぬいぐるみの頭部に目を遣った。震える右手で、目に触れてみる。

その途端、とてつもなく厭な予感がひしひしと押し寄せてきた。

子供の頃はまだしも、今なら断言できる。このプラスチック製の目は、絶対に動くはずがない、と。

忘れていたはずの記憶が、はっきりと思い起こされる。

このぬいぐるみが家に来てからだった。両親の仲が急激に悪くなったのは。温厚な父親は急に怒鳴り散らすようになってしまったし、優しかった母親も眉間に皺《しわ》が刻み込まれて、きつい物言いでしょっちゅう父親を怒らせるようになった。

そして、東野さんはやたら頻繁に怪我をした。交通事故で手足を骨折したこともあったし、車に撥ね飛ばされて頭部をコンクリートに打ち付けてしまい、脳をパンパンに腫らして入院したこともある。

説明の付かないことも結構起きていた。脱衣所に置き忘れたはずなのに、いつの間にかこのぬいぐるみが布団の中で寝ているなんてことも、かなりの頻度で起きていたのである。

そういえば、こんなこともあった。

いつも通りに、〈くまん〉と一緒に眠っていると息苦しさで目が覚めた。鼻と口に何かを押し当てられたかのように、まともに呼吸ができない。

苦しさの余りのたうち回りながら、顔面を塞いでいる何かを取り去ろうと必死で藻掻き続ける。

顔には厚みのある布のようなものがしがみついており、どうやっても取れない。

顔面が一気に熱くなっていき、目の前には目映いほどの光が広がっていく。

光の中に現れた小さな黒い点が次第に大きくなっていって、その闇に飲まれようとしていたとき、何者かによって顔面に引っ付いていたものが物凄い力で引き剥がされた。

東野さんは暫くの間、意識を失っていたらしい。

気が付いたときには、目の前には両目に涙をたっぷりと溜めた母の顔があったのである。

全て、彼女は思い出した。その日のうちに、〈くまん〉は母親の手によって何処かへと捨てられてしまったのだ。


深い溜め息を吐きながら、彼女は両手に持っていた熊のぬいぐるみを、そっと押し入れへと戻した。

記憶の奥深くに眠っていたはずの思い出したくもない色々なことが、はっきりと脳裏に浮かび上がってくる。

こんなところに戻ってこなければ良かった。それが彼女のありのままの気持ちであった。

「結局、何の解決にもならなかったんです……」

東野さんは慌ただしいいつもの日常へと戻ったが、相変わらず電車の音と振動に苛まれていた。

しかし、それだけではなかった。

日常の何気ない一コマ。食事をしたり、読書をしたり、テレビを見たりしているとき、今までにはなかった幻聴まで聞こえてくるようになってしまったのだ。

「……うふふふっ」

小さな女の子の笑い声が、何処からともなく耳に入ってくる。

やがて、通勤電車の中や仕事場においても、その声が聞こえてくるようになってしまった。

誰に話しても幻聴の一言で片付けられてしまうであろう。どうすればいいのか。どうすれば、あれらの音から解放されるのか。

東野さんは次第に気持ちが塞ぎがちになっていき、気が滅入ってばかりの毎日を過ごすようになっていた。

そして、ある晩のこと。

彼女は一人残って、会社で残業をしていた。

仕事の終わりが見えてきたせいか、幾らか気持ちが楽になってきたとき。

何気なく視線を向けた書類棚の脇に、小さな女の子が立っていた。

黒っぽいブラウスとスカートを穿いた、短髪で背の低い女の子。

大きく見開かれたどんぐり眼から発せられた刺すような視線が、明らかに東野さんへと向けられている。

「だ、だれっ！」

心底驚いた彼女は、大声を張り上げた。

その途端、女の子は大きな瞳をくりくりと動かすと、その場から水蒸気のように消えてしまった。

「……うふふふっ」

最早聞き慣れた、あの笑い声だけを残して。


「もう、どうしたらいいのか分からなくて……」

藁にも縋《すが》る思いで、彼女は母親へと電話を掛けた。久しぶりに聞いた母親の声は元気そうで、その声を聞いた途端、東野さんの何かが決壊した。

彼女は全てを母親に話した。止むことのない電車の音、原因を探ろうとして忍び込んだ廃アパート、見つかったぬいぐるみ、そして笑い声と女の子によってもたらされる日々の苦しみを。

「……ミユキ、黙っててごめんね」

嗚咽《おえつ》を堪えながら、母親は語り出した。

「全てはねえ、あのぬいぐるみからなんだよ……」

東野さんの父親が娘にプレゼントしたぬいぐるみは、明らかに中古品であった。恐らく質屋かその類の店から購入してきたか、もしくは何処かから拾ってきたに違いない。

娘の喜ぶ姿を見て、水を差すようで言えなかったが、母親は最初からあのぬいぐるみに理由のない恐怖心を抱いていたのだ。

あのぬいぐるみを娘が抱きしめたときに限って、アレは笑い声を上げて、目玉をくりくりと動かし始める。それに我慢がならなかった母親は、夜中に娘のベッドからそのぬいぐるみを取り上げると、悉《つぶさ》に確認した。案の定、その中には小汚い綿しか入っておらず、彼女は身体の震えが止まらなくなってしまったのである。

いっそこのまま捨ててしまったらそんなにか楽であっただろう。けれど、娘の悲しむ顔だけは見たくなかった。

しかし、その晩を境に、東野さんの父親の性格は一変してしまった。あんなに温厚で虫も殺さないような人だったのに、四六時中怒り出すようになってしまったのだ。

近所の犬や猫に酷いことをしていたことも、何度か目撃した。

それでも母親は娘のことを思って堪えていたが、あるとき、娘に向ける視線に厭なものを感じてしまったのだ。

最初は勿論、気のせいに違いないと考えていた。

だが、ある真夜中にそれは起きてしまった。

子供部屋から聞こえてくる悲鳴にも似た声で、母親は目を覚ました。

すぐに部屋へと駆け付けたところ、とんでもないものを見てしまったのだ。

熊のぬいぐるみが、娘の顔面にピタッとくっついているではないか。その両手は娘の耳にしっかりとしがみついており、その足は娘の首を挟むように器用に回されていた。

苦しげに呻き声を上げながらベッドの上を転げ回っている娘の顔から、ぬいぐるみを取り去ろうと試みた。

ところがそのぬいぐるみはまるで娘の顔に接着されているかのように、うんともすんとも言わない。

このままでは死んでしまう。母親は奥歯を噛み締めると、ぬいぐるみを掴んで力の限りに引っ張った。

娘に対する想いが勝ったのか、やっとのことでぬいぐるみは娘の顔面から剥がされた。

剥がしたものをゴミ箱に叩き入れて、慌てて倒れている娘に目を遣った。意識は失っているようだったが、呼吸はしっかりしている。

確認した後でほっと一息吐いていると、いつの間にか夫が隣に立っていることに気が付いた。

心配して駆け付けたのかと思ったが、その顔を見るなり自分の考えが間違っていることが分かった。

その瞳は充血して真っ赤になっており、口角は醜く歪みきって、まるで娘の生還を憎々しく凝視しているようであった。

あの子に危害を加えようとする存在だけは許容できない。これが原因で夫とは別れることにしたのである。

翌朝目覚めると、隣で眠っている娘の傍らにあのぬいぐるみが収まっているではないか。ぬいぐるみを取り去ろうとしたとき娘が目を覚ましたが、なりふり構ってはいられない。驚いて泣き叫ぶ娘の腕からぬいぐるみを奪い取ると、そのままゴミ袋に入れて、近くの川へと走った。

そして手頃な石をゴミ袋の中に入れ、そのまま川の底へ沈めたのである。

そのときに何処からか女の子の笑い声が聞こえたような気がしたが、恐らく気のせいであろう。

「だからね、アレがあの家にあるはずがないんだよ。お前に付き纏えるはずはないんだよ」

東野さんの母親は一気に捲し立てた。

「……それでね。あの人のことだけど」

ここまで話し終えると、東野さんは受話器越しに、母親が何かを飲み干す音と、洟《はな》をかむ音を聞いた。

相当逡巡していたらしく、暫くの間が生じていた。

そして、その話題へと移っていった。

「お父さんのことだけどね。いいかい、しっかりと聞きなさい」

東野さんの父親は、既に亡くなっていた。おおよそ二カ月ほど前、精神状態が芳しくなかった彼は自死を選択したのである。

母親の噎《むせ》び泣く声が聞こえてくる。

幾ら離婚していたとはいえ、子まで為した仲である。悲しまないほうがおかしいだろう。

父親の死に関しては、思ったよりも心に来るモノがなかった。しかし、それより何より、亡くなった時期が気になった。

「えっ！　二カ月前ってことは……」

あの電車の音が聞こえ始めた頃と合致しているのではないだろうか。

全身を隈なく襲い続ける、強烈な震えが東野さんを床にへたり込ませる。

「もしかして。お父さんが自殺した方法って……」

東野さんが言葉を続けようとしたとき、母親の強い口調の声がそれを遮った。

「それだけは、言いたくないの。それだけは……」

受話器からは母親の慟哭《どうこく》しか聞こえてこない。

しかし、正確には聞けなくとも、何となく理解することはできる。

ということは、彼女は実の父親に苦しめられていたのか。しかもそれだけではない。父親から貰ったぬいぐるみまで一緒になって、彼女を責め立てていたのか。

「……分かった。ありがと」

東野さんは電話を切った。頭の中は真っ白で、目の前が真っ黒になりながら、彼女は噎び泣き続けた。


「もう、ヤバイです……」

力ない声で、東野さんは言った。

石膏《せっこう》で固められた左腕は肩から包帯で吊り下げられている。

友人の伝手《つて》でお祓いまでしてもらったが、良い変化は何一つ訪れていないとのことであった。

深夜になると相変わらず電車の音は聞こえてくるし、女の子の姿もほぼ毎日のように視界に入ってくる。

勿論、あの無気味な笑い声、も。

おまけについ先日、彼女は駅の階段から転がり落ちて、左腕を骨折していた。

誰かに腰の辺りを押されたような感触があったが、閑散とした時間帯だったため、後ろに人がいなかったことは確かであった。

「……まあ、いい方法があったら教えてください」

彼女は全てを諦めたような薄ら笑いを浮かべながらそう言うと、左腕を庇いながら雑踏の中へと紛れてしまった。

こんなはずじゃなかった

大久保さん夫妻が不動産屋に案内された中古の一軒家は、お世辞にも綺麗だとは言えなかった。

経年劣化のせいか壁やコンクリートは変色しており、屋根の塗装も所々剥げ落ちている。

奥さんはあからさまに厭な顔をしていたが、とにかく中を見てみようと家の中に入った瞬間、見る見るうちに彼女の機嫌が良くなっていった。

「凄く綺麗だったんですよ。うん、まるで新築物件のように輝いていたんです」

感心している大久保さんに向かって、不動産屋の女性はこれでもかとばかりの笑顔を向けて言った。

「どうでしょう。中はリフォーム済みで、この価格ですからねえ……」

かなり問い合わせがきているんですよ——と、まるで今日明日中にでも売れてしまうといった体である。

どうしよう。ここに決めちゃおうかな。でも他にもっといい物件があるかもしれないし……そう頭の中で考えながらも、側にいる奥さんの機嫌がすこぶる良い。

長年苦労を掛けてきたこともあったが、自分の貯蓄からいってこの価格以上の家は諦めざるを得なかったことも確かである。

「ねえ、あなた。カーテンは何色がいいでしょうね？」


引っ越しも無事済んで、御近所への挨拶回りも問題なく終わった。

「みんな良い人そうで良かったわね」

奥さんの言葉に相槌を打ちながら、大久保さんは晩酌を始めた。

冷えた日本酒を胃に流し込みながら、何気なく辺りを見回す。

リフォーム済みとはいえ、二十年も人が住んでいたようには到底思えない。

まあ、でも。人生、一度くらい信じられないようなことがあってもいいんじゃないだろうか。

赤みが差した顔にうっすらと笑みを浮かべ、これからの多福を祈るかのように、彼は目を瞑りながらゆっくりとグラスを傾けた。


大久保夫妻が引っ越してから一年ほど経った頃である。

うだるような日中の暑さがそのまま持ち越されたかのような、ある晩のこと。

いつも通り窓を開けて網戸だけで寝ていると、隣家のほうから物音が聞こえてきた。

大久保夫妻の寝室は二階にあり、その窓は隣家である山崎家の裏庭に面している。

ざっく、ざっく。ざ、ざ、ざ、ざ。ざっく、ざっく、ざっく……。

その奇妙な音で目が覚めてしまった大久保さんは、重たい目を擦りながら枕元のデジタル時計に視線を向けた。

時刻は午前二時半。全く、冗談じゃない。こんな時間に何だっていうんだ。

ざっく、ざっく。ざ、ざ、ざ、ざ。ざっく、ざっく、ざっく……。

何処かをシャベルで掘り起こしているような音とともに、人の話声のような音も混じっている。

半分寝ながらも聞き取ろうとしてみるが、まるで内緒話をしているかのようで何を言っているのか全く分からない。

そうこうしているうちに、大久保さんはそのまま深い眠りへと落ちていったのである。

漆黒の闇の中、大久保さんはぽつねんと地べたに座っていた。

辺りを見回しても何一つ視界に入ってこないが、どういう訳かここが自宅の庭だということだけは分かっている。

いや、自宅の庭であることは間違いないのであるが、何故か仕切りのブロック塀が消えていることから、お隣さんの庭とも言えるのかもしれない。

常闇を思わせるこの中で、何かを待ち侘びているかのように、彼はいつまでも座り続ける。

やがて、目映いばかりの光が辺りを包み込む。

大久保さんは待ってましたとばかりに、光の現れた方向へと視線を向ける。

そこで、真っ黒い人影が死に物狂いで地面を掘っているようだった。

人影にしか見えないはずなのに、何故かその人間の指がボロボロに裂けていき、爪も徐々に剥がれていく様が、手に取るように分かっている。

ああ、これは夢なんだ。そう漠然と考えていると、人影は何かを探り当てたらしく、それを高く掲げて小躍りしていた。

それは、古ぼけた壺であった。

その人影は得意げに何度も頷きながら蓋らしきものを取り去ると、壺を逆さにして中身を出し始める。

そこには……。

「うおぉぉぉぉっっっっ！」

大声を上げて、大久保さんは布団から跳ね起きた。

「……どうしたの？」

隣の布団の中から、妻の気怠い声が聞こえてくる。

ああああああ。夢だった、か。

「ああ、もったいない」

大久保さんが呟くと、「何が？」と横から妻の声がした。

一体、何が見つかったのであろうか。一向に思い出せないが、気になって仕方がない。

大久保さんは気落ちしながらも、微かな希望を持って再び布団の中へと戻ることにした。

二度寝すれば、何に喜んだのか分かるかもしれない。

しかし、二度寝をしても彼の望みは叶わなかったのである。

「おはよう。寝言、かなあ？　あなた、何か言ってたわよ」

妻の言葉に恥ずかしさを覚えながらも、はっきりとは思い出せない夢の話を軽くした後で、大久保さんは話題を変えようと試みた。

「昨日、うるさかったな。お隣さん」

「庭を掘ってたのかしらね。金魚でも死んだのかしら」

うん、きっとそうに違いない。長年飼っていた金魚が死んでしまって、朝まで待てずに埋葬したに違いない。

ん、ちょっと待てよ。

「あれ、山崎さんの庭って。ちょっと前に……」

彼の言葉に被せるように、奥さんが言った。

「そう。コンクリートで固めてたわよねえ、あそこ」

「じゃあ、昨日の物音って何だろうな」

彼はそう溢《こぼ》しながら、出勤のために身支度をし始めた。


「今日ね、変なことがあったんですよ」

仕事から帰って着替えている大久保さんに、奥さんはそう言った。

「どうした？」

「それがねえ……」

大久保さんが出勤して間もなくの朝七時過ぎである。

彼女は庭先で、山崎さんの奥さんと顔を合わせた。

そこで立ち話をしていたとき、話題の一つとして、大久保さんの奥さんは旦那が見た夢の話をしてしまった。

日常会話にぴったりな、他愛もない話である。自分の家の庭を掘ったら、何か得体の知れないものが出土した夢を見た。そんな馬鹿話である。

ただ単に、山崎さんの奥さんと一緒に笑いたかっただけに過ぎない。

ところが、彼女はそれを聞くなり急に眉を寄せると、憮然とした表情を見せながら無言でその場から立ち去ってしまった。

大久保さんの奥さんは訳が分からず、何かまずいことを言ってしまったのだろうかと若干後悔した。

「しかも、それだけじゃないのよ」

その日の夕刻、大久保さんの奥さんが買い物から帰ってきたときのことである。

要冷蔵の食品類を冷蔵庫に仕舞っていると、庭のほうから聞こえてくる大きな物音が否応なしに耳に入ってきた。

ガンっ、ガンっ、ガンっ、ガンっ、ガンっ、ガン……。

一体何事かと泡を食って駆け付けてみると、山崎さんの旦那さんが庭に佇んでいた。

まるで魂が抜けてしまったかのようなとろんとした眼を見せながら、大久保家の庭の片隅に立っているのだ。

「あ、どうもこんにちは。あのう、何かご用でしょうか？」

隣人とはいえども、庭へ勝手に入られてしまっては流石に気分が良くはない。

彼女は不審そうな眼差しを隠すことなく、闖入《ちんにゅう》者をじろりと睨め付けながら言った。

「……ぁあああ、すみません。ボールがそちらの庭に入ってしまったんで」

「……ボール、ですか」

「はい。もう済みましたので、失礼いたします」

滑稽としか言いようのない会話を交わしながら、山崎さんはおもむろに去っていった。

彼女は狐に摘まれたような表情で暫くの間その場で立ち尽くしていたが、コンクリートの塀に残された痕跡に気が付くと、急いで自宅へと戻っていった。

それは、幾重にも残された山崎さんの足跡であった。恐らく、何度も何度も塀を蹴り続けたに違いない。

「うーん、困ったね」

妻の言葉を聞くなり、山崎さんは腕組みをして考え始めた。

無断で敷地内に入っただけならまだしも、塀を蹴り続けたとあっては黙っていられない。

しかし、警察沙汰にはしたくない。一体、どうしたら良いのであろうか。

一時ばかりうんうんと呻《うな》った後で、大久保さんは最善と思われる案を妻に提示した。

「もう少しだけ、様子を見てみようか」

しかしながら、山崎家の行動はより一層おかしな方向へと進み始めた。

またしても工事業者が入ったかと思うと、今度は大きな縦格子フェンスの取り付けが始まってしまった。

両家の仕切りである高さ一メートル程度のブロック塀は残したまま、山崎家の敷地内にそれを取り付けるつもりらしい。

あの出来事以来、山崎夫妻は大久保夫妻を避けるようになっていたため、今更理由を聞くこともできない。

「まあ、自分の敷地内に取り付ける訳だから、なあ」

奥さんの心配事に対して、大久保さんはそう言う外なかった。

それから暫く経った、ある日のこと。

狂気すら感じさせた猛暑が漸く過ぎ去って、爽やかな風が吹き抜け始めていた。

大久保夫妻が寝室で眠っていると、妙な物音で健やかな眠りを阻害されてしまった。

ごおぉおぉーんん、ごおぉおぉーんん、ごおぉおぉーんん……。

まるで除夜の鐘を思わせる、荘厳な音色が辺りに響き渡っている。

一体何事かと飛び起きた二人は、並ぶように庭先へと目を遣った。

比較的近くの街灯に照らされて、この場には不似合いな人物が格子を通して二人の視界に入ってくる。

短く刈った頭を小刻みに震わせながら、袈裟らしき衣を纏った男が、山崎家の庭で座禅を組んでいたのである。

薄明かりの下、一心不乱にぶつぶつと念仏らしきものを唱えている。

そしてその念仏の伴奏のように、無気味としか言えない重苦しい鐘の音が何処からか轟《とどろ》く。

「ひゃっっっっっっっっあああぁぁぁぁ！」

空気の抜けた風船のような音を立てながら、大久保さんの奥さんが悲鳴を上げた。

その瞬間、念仏と鐘の音が瞬時に止まった。

静寂の中、一部始終を凝視している二人の息遣いだけがはっきりと聞こえている。

不意に、青白い坊主頭が奇妙にねじ曲がった。

それを見た途端、寝室にいる二人はほぼ同時に息を呑んだ。

庭から二階を睨め付ける、眼光鋭いその眼。暗闇で見る猫の眼のように、黄色に光り輝いていたのである。


それからの数日間は、信じられないような出来事が立て続けに起こった。

まず最初に、山崎さんの旦那さんが亡くなってしまった。

山崎家の庭先で倒れているのを、大久保さんの奥さんがフェンス越しに発見したのである。

何故か全裸の状態で、俯《うつぶ》せに横たわっていた。

偶然かもしれないが、そこは例の袈裟を着た男が座禅を組んでいた場所でもあり、大久保さんの夢に出てきた場所でもあった。

更に、その翌日。

今度は、山崎さんの奥さんに不幸が訪れた。庭で冷たくなっているのをガスの検針員が発見したのである。

白装束を身に纏って仰向けで倒れていたらしいが、その顔は筆舌に尽くし難いほどであった。

両目はこれでもかとばかりに開き、鼻腔は大きく開かれて、開け放たれた口からは紫色の舌が奇妙な形で露出していた。

力の限りに握りしめられた拳からは大量の血が滴っており、恐らく伸ばした爪が掌に全て突き刺さっていたのではないかと思われる。

ひっきりなしに現れる警察官が、ウンザリするほどの質問を大久保夫妻に浴びせかけた。しかし、何が起きているのか聞きたいのはこっちのほうだ、と言いたいほど、彼らは何も知らない。

何も得るところがないと判断したのか、それから警察が大久保家を訪ねてくることはなくなった。


ここでずっと暮らせるのか不安で仕方がない、と大久保さんは語る。

「実はねえ、ここ最近のことなんですけど……」

夜寝ていると、急に目が覚める機会が多くなってしまったという。

窓から薄明かりが室内まで射し込んでいる日がかなりあるらしいのだ。

気になって窓から覗き込むと、必ずと言っていいほど、自宅の庭に人がいるのである。

短く刈り込んだ頭に赤紫の袈裟を着けて座禅を組んでいる男が、淡い光に包まれて浮かび上がっている。

その坊主頭の小刻みな振動からは、見ることすら憚られる狂気すら感じられる。

「暫くすると消えてしまうので、実害はないのですが……」

山崎家の衰滅を目の当たりにした彼にとって、いつ自分の身にまで飛び火するのか不安で仕方がない。

家を手放すことも頭の中を過ぎったが、住宅ローンが重くのし掛かっており、とても身動きができる状態ではない。

「こんなはずじゃなかったんだけどな……」

面輪に深く刻まれた皺を更に強調させて、大久保さんは力なく呟いた。

不幸なことに彼の口癖になってしまったのか、今日だけでも何度聞いたか分からない台詞である。

「それと、これは余り言いたくはなかったんですが……」

たまに大久保さんの意識が飛んでしまうことがある。

テレビを見ているときや食事をしているとき、時折時間が進んでいるような感覚を覚えることが多くなった。

なかなか話そうとしない奥さんにそのときのことを訊ねたところ、どうやら無意識状態で変な格好で踊っているらしいのである。

両手を頭の上で重ね合わせながら、奇妙な足踏みをしているらしい。

「家の中ならまだしも、電車の中や職場でそんなことが起こったら……」

大久保さんは長い嘆息をした。

「こんなはずじゃなかったんだけどな……」

思慕の情

悠木さんが小学校低学年のことであるから、話は昭和五十年代に遡る。

夏休みも中盤を迎えた頃。

友人達と校庭で野球をしていた彼は、明後日の方向へ飛んでいったファウルボールを探していた。

いつの間にか辺りは暗くなっており、ボールを探すこと自体、困難になり始めている。

慌てて周りを見渡すと、一緒に遊んでいたはずの友人達は既に自転車に跨っていた。

「ユウキっ！　もう帰るよっ！」

彼らの声が聞こえる中、ボールのことは先延ばしすることにして、悠木さんも急いで帰り支度を始めた。

身体を動かすたびに、湿り気をふんだんに含んだ生暖かい風が、ねっとりとまとわりついてくる。

予報では今夜辺りから降り出す雨は、明日の昼過ぎまで降り続く予定であった。

〈早く帰らないと、叱られる！〉

その一心が、彼の動きをより一層速めた。

飛び乗るように自転車に跨り、悠木さんは家路に就こうとしていた。

自転車のスピードが乗ってきた辺りで、彼の視界に人影が映り込んできた。

裏門の近くにある走り幅跳び用の砂場で、一人しゃがみ込んでいる誰かがいる。

彼は訝《いぶか》しげな視線を送りながら、ペダルを漕ぐ速度を緩める。

薄闇の中、その人影が明らかになっていく。

短めな髪にピンク色の薄手のカーディガンを羽織って、紺色のスカートを穿いていた。

彼の視線を気にするかのように、その少女はこちらへ向かってゆっくり振り向いた。

「あれ、ミヤコちゃん？」

正体が分かって安心したのか、悠木さんはにっこりと笑みを浮かべながら呼びかけた。

その少女は、悠木さんと同じクラスのミヤコちゃんであった。

穏やかな性格と可愛いらしい顔立ちで男子からは密かな人気を集めていたのだが、校内ではいつも一人でいることが多かった。

「もう帰らないと、ヤバイんじゃない？」

あくまでも噂に過ぎないが、彼女の親はとてもおっかない、らしかった。

母親は既に亡く、父親との二人暮らしで、彼女はしょっちゅう殴られているとの話もあった。

ミヤコちゃんを仲間外れにしている女子の話だったので、恐らく信憑性は低い。

しかし、顔や手足に新しい痣《あざ》をいつも拵えていたことを覚えている。

薄暮の中、彼女はこくりと軽く頷いた。しかし、一向に帰ろうとはしない。

むしろ、このまま悠木さんと話していたいような、そんな印象を受けた。

「……ねえ、ユウキくん。あのね……」

夕映えのせいか、彼女の顔に赤みが差しているようであった。

その表情を見るなり、彼もまた、頰を赤らめながら視線を落とした。

「私、もうすぐ引っ越すんだよ」

予想もしていなかったその言葉に、彼は酷く驚いた。そのせいで何も言葉を返すことができず、ただただ彼女の顔を穴が開くほど見つめるばかりだった。

そして、恥ずかしさもあった。女子と二人っきりで話すことなど初めてのことで、何をどうすればいいのか見当も付かない。

「私がいなくなったら、ユウキくんは寂しい……かなあ？」

いつの間にか涙で潤んだ瞳を下に向けて、彼女は呟いた。

辺りに漂う静寂の中、唐突に鳴り響く豆腐屋のラッパの音。

悠木さんを勇気付けるかのようにその音は鳴ったが、彼は恥ずかしさの余り、ミヤコちゃんから視線を逸らせたまま蚊の鳴くような声で呟いた。

「……べつに……」

勿論、本心は違っていた。しかし、彼にはそう言うことしかできなかったのである。

「そう……」

彼女は少し微笑みながら言った。もしかしたら、悠木さんの気持ちが分かっていたのかもしれない。そうも思わせる、意味ありげな微笑に感じられた。

恥ずかしそうに下を向いている彼に向かって、彼女は両手を差し出した。

運動や遊びでは絶対に付かないような傷跡の残った両手には、白い花で拵えた花束が乗っていた。

「これ、プレゼント」

「……ありがとう」

彼がお礼を言うなり、彼女は薄闇の中へと唐突に走っていき、そしてその中へと溶けていった。

何処にでも生えてそうな小さな白い花でできていたが、彼女の手作りだと思っただけで彼の胸は熱くなっていき、それはいつしか痛みへと変わっていた。

じっと花束を見ていると、その間に白い封筒が紛れ込んでいることに気が付いた。

〈ひょっとして！〉

彼は手紙が入っていると思って、慌てて封筒を開けてみた。

だが、そこに入っていたのは手紙ではなく、おみくじであった。

新品同様に綺麗に折られていたが、何かの液体を零しでもしたのか、全体的にどす黒く変色している。

〈コレって、一体どういうこと？〉

花束と一緒におみくじをくれる意味って何だろうか。悠木さんは一生懸命考えたが、さっぱり意味が分からない。

恐る恐る、変色したおみくじを開いてみる。

細長い長方形の紙片で、喫茶店やレストランで見かけるおみくじ器から出たものに似ている。

中には「吉」と大きく書かれており、時間は掛かるが願いは必ず叶う旨の文言が記されていた。

彼女がこの紙片に託した想いとは一体何なのであろうか。知りたい。どうしても、確かめたい。

彼はここで決意した。この休み中、彼女に聞いてみよう、と。

翌日、彼は連絡網を頼りにしてミヤコちゃんの自宅へ電話を掛けた。

受話器を通して聞こえてくる呼び出し音よりも、自分の胸の鼓動の音のほうが大きいような気がしてならなかった。

しかし、呼び出し音が延々と聞こえてくるばかりで、その電話に出る人は現れなかった。


それから数日後の午後、悠木さんはミヤコちゃんの自宅の前に汗だくで立っていた。

容赦なく照りつける太陽に、地面に押さえ込まれるような感覚すら覚えていた。

そこは古い木造家屋で、周りには様々な種類の雑草が居住権を争うようにそそり立っている。

表札の「菅野」という文字を数回確認してから、彼は呼び鈴を押した。

永遠にも感じられる十数秒の沈黙を経て、立て付けの悪い耳障りな音がしたかと思うと、赤ら顔の中年男が現れた。

やや肥満気味の体格で、髪の毛がボサボサの男性。この人が、悪名高きミヤコちゃんの父親に違いない。

「……はい。どなた？」

あからさまに不機嫌そうな声でそう答えがあった。彼女の父親は眠そうな目を瞬きながら悠木さんを睨め付けた。

「あ、あの。ボクは菅野さんと同じクラスの悠木と言いますが……」

自宅で何度も練習した台詞を口に出すが、全て言い終わらないうちに、それは遮られてしまった。

「ああ、ミヤコ？　あいつはもういないよ。東京に引っ越したから」

予想もしていなかった対応に、彼は頭の中が真っ白になった。それっきり、続く言葉は何も出てこなかった。


その夜のこと。

悠木さんは自室で、悶々とした時を送っていた。

どうしてミヤコちゃんはおみくじを？　いきなり東京に引っ越した訳は一体？

疑問符が脳内を巡り行くが、何処にも着地する気配がない。

彼は大きな溜め息を一つ吐きながら、気分転換にマンガでも読もうと本棚を物色していた。

お目当ての一冊を見つけて抜き出した瞬間、その隙間からこちらに向けられた視線を彼の瞳が捉えた。

「わっ！」

思わず大声を出して本を足下に落としてしまった。

一冊分の隙間の闇の中から、人間の目としか考えられないものがこちらをじっと窺っていたのである。

頭の中はパニック状態だったものの、彼の視線はその目を捉えて離さなかった。

やがて脳内も落ち着きを取り戻した。こちらを窺うその目はどことなく見覚えがあるような気がしてならない。

ひょっとして。ミヤコちゃんの目？

そう思った途端、目は瞬く間に消えてしまった。

そのとき、廊下から母親の声が聞こえてきた。

「カズシ！　さっき家の前でミヤコちゃんと会ったわよ！」

悠木さんは頭の中を猛烈に掻き回されたような感覚に陥り、その場で腰から崩れ落ちた。

夏休み明け、先生から正式にミヤコちゃんが東京に引っ越したことが伝えられた。

だが、本当にそうなのだろうか。

夏休み中、本棚から覗いていたあの目は、やっぱりミヤコちゃんに似ていたように思う。

それに、二学期が始まってから下校の途中、毎日のように見かけるあの娘……公民館の脇から顔だけ出している少女はどう見てもミヤコちゃんだった。

そして昨晩、彼女はとうとう悠木さんの部屋に現れたのである。今回は顔だけでなく、全身を露わにして。

ピンク色をした薄手のカーディガンを羽織って、紺色のスカートを穿いている。

ショートヘアーに比較的大きな目が、とてもチャーミングな彼女。

しかし、悠木さんはどことなく気が付いていた。ここにいる彼女は決して本物ではないと。

——生き霊。

その単語が彼の頭の中を占拠していく。生き霊。きっと、そうに違いない。

何らかの理由でいきなりこの町を離れなければならなかった彼女は、何か心残りがあったのだろう。

そう、何かの理由。その理由が、ボクだったらいいのにな。

彼は重ねて思う。彼女がミヤコちゃんじゃなかったら、一体何処の誰なのだろうか、と。


あれから二十年以上の月日が経過していた。

悠木さんも成長していき、中学、高校、大学へと進んでいった。

彼の前に姿を現すミヤコちゃんも、彼と同じように歳を取っていったのである。

彼女の美しさはより一層増していき、いつしか可愛らしさに加えて艶美さも兼ね備えていた。

「今度、何処かで会おうよ」

何度言ったか分からないこの言葉を、今日もまた彼女に投げかける。

彼女もまた、何度答えたか分からない言葉を残して消え去っていく。

「まだ、早いよ」


悠木さんは今年で不惑を迎えるが、未だに独身である。

それなりの出会いはたくさんあったのだが、彼には一切その気がなかった。

彼の心の中は、彼女のことで埋め尽くされている。

小学校時代から夢中になってしまった、ミヤコちゃん。

唐突に自分の前から姿を消してしまった彼女。

しかし、近い将来必ず会える。彼女に貰ったおみくじにも、願い事が叶うには時間が掛かると書いてあったではないか。

彼はそう頑なに信じて、今に至っている。

ストーカー

石田さんは定年一歩手前の段階で、長年勤め上げた食品会社を退職した。

そしてその退職金と貯金を使って、子供の頃からの夢であった、有機野菜を使用したオーガニックレストランを経営するつもりであった。

しかし、とにかくこれが困難を極めた。

準備段階としてやらなればいけないことは多々あったが、その一つに物件探しがある。

希望としては、集客が見込めそうな立地で手頃な広さで、かつ安価であること。この条件に当てはまる物件が、足を棒にして探し回ってもさっぱり見つからない。

毎日、毎日、新しい不動産屋巡りの日が続いていた。

そんなとき、うらぶれた商店街の隅っこに、訪れたことのない不動産屋を発見した。かなり以前にシャッターを閉めて以来、一度も開いたことがなさそうな肉屋の隣である。

正直に言うと、彼は全く期待していなかった。こんな貧乏人は夢なんか見ちゃいけなかったんだ、と自虐的になっていたせいもあった。

それを抜きにしても、表通りの賑やかそうな不動産屋はあらかた回った後だったので、こんな今にも潰れそうな所に良い物件があるはずがないと考えていたことも確かである。

入り口の側に、「里美不動産」と書かれた看板があった。

石田さんは、駄目で元々の精神で、その入り口に手を掛けた。

入り口の硝子戸には物件案内の張り紙がやたらと貼ってある。しかもこの扉、相当に建て付けが悪いらしく、動かすたびに耳障りな音を立てている。

「こんにちは」

声を掛けながら中に入ったところ、店の奥から背の低い初老の男性らしき人物が出てきた。

着ているスーツから男性と判断したまでだが、他の要素からは性別は分からなかった。

「いらっしゃーい」

その嗄れた声で掛けられた挨拶もどことなく自信なさげで、単に声の高い男性なのか、それとも煙草で声が嗄れた女性なのかも判じ難い。

「すみません。店舗物件を探しているんですけど」

石田さんがそう言うと、店先にある応接机の席を勧められてお茶を出された。

「ちょっとお待ちくださぁい」

応対してくれた男性が、何かを取りにでも行ったのか、奥に消えてしまった。

彼は出されたぬるいお茶を啜《すす》りながら、辺りを見回してみた。壁のあちこちには薄汚れた物件案内の張り紙が貼ってあり、奥で髪の長い女性が忙しそうに事務を執っている。

結論から言うと、案内された物件は申し分ないように思われた。

驚くべきことに、場所は駅から徒歩三分。築八年の建物で、店の広さはカウンター席とテーブル三つといったところ。考えていた間取りと合致している。おまけに車が三台駐められる駐車場も付いている。

賃貸料に関しても、この辺りの路線価から考えると激安と言ってもいい。

石田さんは今すぐにでも契約したい気持ちを抑えつけて、何はともあれ内見を希望した。細部まで確認したかったので、可能であるならば一人で見たい旨も付け加えた。

「えっ？　いいんですか？」

断られるかと思ったが、不動産屋はあっさりと鍵を差し出してくれた。

「何せ、私一人でやってるものですから。いやあ、助かりますよ」

そう言いながら、嬉しそうな笑みを浮かべている。閉店の午後六時までに鍵を返しにくればいいらしかった。

石田さんは腕時計に視線を移した。時刻は午後四時を過ぎたばかりで、時間的にまだまだ余裕がある。

「ありがとうございます。では、ちょっとお借りします」

そう言いながら店を出ようとしたとき、奥に座っている事務員と目が合ってしまった。

その女性事務員はこちらをじっと見つめながら、忙しなく両手を動かしつつ、身体をゆっくりと前後に揺らしていた。


「うーん……」

石田さんは、建物の前で思わず感嘆の声を上げてしまった。

予感はしていたが、この目で実際に見てみると、なおさら申し分がなかったのである。

駅が近い割には雑踏とは無縁に感じられ、周りは静かな住宅地といったところであった。

ヒビ一つ入っていない白い壁が、西日を受けて橙《だいだい》色に染まっている。

築八年の建物にはとても見えず、新築と言っても十分通りそうなほどであった。

「……ん？」

石田さんの心の中で、何かが引っかかった。理由は分からないが、とにかく何かが気に食わない。

彼はじっくりと、舐《ねぶ》るように丹念に建物を見て回った。しかし、建物の表から裏まで見て回っても、その理由は分からない。

小首を傾げながら再度見回した後で、少し離れた場所からこの建物全体を見上げることにした。

その瞬間、寒気がした。全身の皮膚から、悪寒が滲み出てくる感覚に襲われる。

何故なのか。その建物に不審は点は見当たらず、暖かそうな西日を受けて、相も変わらず暖色に染まっている。

そこには寒気を催すものは何一つ見つけることができない。

けれども、怖い。

この建物全体が、おっかなくて仕方がない。

近くに公園でもあるのだろう。子供達の歓声が時折聞こえてくる。

このようなのどかな景色の中で、訳も分からない恐怖に身体を強張《こわば》らせている自分が惨めになってきた。

「そんなバカな。女子供じゃあるまいし、馬鹿馬鹿しい」

止めろと強く警告し続ける心の声をそんな呟きで誤魔化すと、彼は借りてきた鍵を使って内部へと足を踏み入れていった。

建物内は大きな窓から入ってくる陽光のせいで幾分明るい。

　そして、安っぽい薔薇《ばら》の香りが充満していることにすぐ気が付いた。

　そこら辺で格安で売られている、芳香剤の香りであろう。しかし、その奥のほうから底流のように別の臭いが漂っている。食品を扱う店には似つかわしくもない、厭な臭いである。

　明らかに、何かが腐敗した臭いであることに間違いない。

　何処かで鼠でも死んでいるのだろうか。まあ、徹底的に掃除すれば問題はないだろう。

　しかし、何だろうかこの寒気は。室内の温度は外よりも五度ほど低いようにも感じられる。

　気を取り直し、石田さんは改めて内部を見回した。

　前に入っていた店も、恐らく喫茶店か何かだったのであろう。

　落ち着いた壁紙に大きなカウンターが目に入ってきた。テーブルや椅子は勿論なかったが、ぱっと見では改装の必要すらないように思える。

　建物の外観同様、とても綺麗であった。

　反射的に壁へと手を遣って灯りを点けようとしたが、カチッとスイッチの動く乾いた音だけが響き渡った。ほぼ確実にブレーカーが落ちているのであろうから問題はない。

　しかし、カウンター内にある奥の厨房まで行くのには少々薄暗い。

彼は壁を擦るように手を当てて、足下に気を付けながらゆっくりと歩み寄っていった。

厨房の手前まで来た辺りで、奥のほうで人影のようなものが揺れ動いた。

余りにも思いがけなかったため、彼は思わずつんのめってしまった。

一旦足下に目を落としてから、再び視線を厨房側へと向けた。

あの人影らしきものは、まだそこにあった。

腰から上が妙に細長い、ぼんやりとした人影である。両手をだらりとしながら、ゆらゆらと揺れ動いている。

かなり暗かったとはいえ、採光用の小さな窓から明かりが入っていたため、それが人ではなく影のような黒い塊であることに間違いはなかった。

「ひっ」

喉の奥底から短い悲鳴を上げて、石田さんは後ずさった。

その人の形をした黒い塊は、ゆらゆらと身体を揺らしながら、次第にこちらへと近づいてくる。

彼は黒い塊を凝視しながら、じわりじわりと後退していく。

そいつに背を向けて一目散に逃げていきたかったが、恐ろしくて恐ろしくてそんなことはできそうもない。

右肘が何か硬い物にぶつかって、ガタッと音が鳴り響く。

今になって思えば、それは多分カウンターだったに違いない。けれどそのときには、そんなことを理解する余裕すらなかった。

石田さんはパニック状態に陥ってしまい、咄嗟に黒い塊に背を向けると、何度も躓《つまず》きながらその場から走り出し、漸く入り口まで辿り着いた。

慌てて屋外へ出ると、震える手をどうにか落ち着かせながら、急いで鍵を掛けた。

ほっと一息吐いた後で、恐る恐る後ろを振り返ってみたが、あの黒い塊は何処にもいなかった。

強いて言えば、建物の脇から大儀そうに歩いてきた太った斑猫《ぶち》が、妙に訳知りめいた表情でこちらを窺っていただけである。

石田さんはその足で不動産屋に戻ると、汚穢《おわい》なものでも持っていたかのような手つきで、急いで鍵を机に置いた。

絶対にあんな物件なんか借りるかよ。ふざけるな。

口には勿論出さなかったが、応対に出てきた初老の男性は何となく彼の異変に気が付いたのかもしれない。

男性は何も言わず、鍵を受け取ってぺこりと頭を下げただけであった。

店の奥にいたはずの女性事務員は、離席しているらしく店内には見当たらなかった。

しかし、人間とは不思議なものである。たった数日経過しただけで、あの黒い人影は何かの見間違いだったに違いないと石田さんは思うようになっていたのである。

物件巡りは相変わらず上手くいかず、違う不動産屋で新しい物件を紹介されるたびに、いつしかあの建物が基準になっていたのだ。

あっちのほうが良かったなあ。うん、あれ以上の物件は早々見つからないよな。

そんな思いだけが、彼の頭の中を埋め尽くすようになってしまった。

それでも、もう一度あの物件を見に行ってみようと決心するまで、十日ほどの日数を必要とした。

今回は不動産屋には連絡を入れずに、直接現地へと足を運ぶことにした。

相も変わらず、建物の外観はのどかな感じであった。

硝子張りの扉には「里美不動産」の文字と電話番号が書かれたプレートが貼り付けてある。こんな掘り出し物の好物件にも拘わらず、まだ借り手はいないらしい。

今日は鍵を借りていないので、勿論中に入ることはできない。

鍵があったら入りたいのか、と言われるとそうでもない、ような気もする。自分でもよく分からない感情が入り交じっていた。

そのとき、二人組の主婦が通り掛かったので、急いで呼び止めてみた。

この建物に以前、どんな店が入っていたのか知りたかったのである。

「そうねー、最後に入っていたのはイタリアンレストランじゃなかったかしら」

「そうそう。二年くらい前のハナシよねえ」

二人の話を総合すると、およそ二年ほど前にイタリアンレストランが廃業するのを最後として、ここに入った店はないらしかった。

そして、それより何より、ここは目まぐるしく店が変わっていた場所であったのだ。

イタリアン、フレンチ、創作和食、中華、インド料理、再びイタリアンレストラン。最初のイタリアンレストランは一年ほど頑張っていたらしいが、最後の店に関しては二カ月程度しか持たなかったとのことである。

「イイ感じだったのにねー」

「そうそう。料理も美味しかったのになー」

主婦達の話題はそれを最後に、自分達の子供の話へと移り変わっていった。

石田さんは二人にお礼を言うと、その場から去った。

頭の中で、やっぱり止めたほうが良さそうだな、といった思いが強くなっていく。そういった物件の話はよく聞く。立地には何の問題はない。にも拘わらず、店子が居着かないのである。

勿論、経営側にはそれぞれの理由があるのだろう。借金が多いとか、料理が美味しくないとか、様々な理由が考えられる。

しかし、そういった店が連続してしまうと、後はもうどうしようもなくなってしまうのではないだろうか。

余所で繁盛していた店がこういった店舗に入って、すぐに駄目になってしまう。全国規模のチェーン店が入ったとしても、挽回は無理なのであろう。

更に言えば、この物件に限っては抱えているのはこういった問題だけではないような気がしてならない。

思案に耽《ふけ》りながらあちこちを歩き回っていた石田さんは、まるで引き付けられたかのように例の建物へと戻っていった。

先ほどまでいた主婦達の姿は既になく、辺りは閑散としていた。

心の何処かから、よせ、止めろ、といった警告が聞こえてくる。

もう一方で、大丈夫だよ。鍵が掛かっていて入れやしないんだから、安全だ。絶対に大丈夫。といった声も聞こえてくる。

石田さんは自分でもよく分からずに、扉へと手を掛けた。

硝子張りの扉は、すぅっと中に開かれていった。予想に反して、鍵は掛かっていなかったのだ。

彼は辺りを見回してから、視線を中へと移した。

夕闇が近づいていたせいか、建物内部は暗くてよく分からない。

彼は両目を何度か瞬かせた後、再度目を凝らした。

薄暗い室内で、より黒々とした人影のようなものが蠢いているではないか。

そして彼の姿を見るなり、それは扉の近くまで滑るように近づくと、こちらをじっと見つめている。

その影に目は勿論なかったが、そう感じたことだけは確かである。

強烈な悪寒を感じて、石田さんは身を翻《ひるがえ》した。

やばい。逃げなきゃ。

そう思いながら走ろうとしたとき、開いた扉を何かが通り抜けた。

そして、その何かは著しい腐敗臭を残り香として、何処かへと消え去ってしまったのである。


次の日の夕方のこと。

何件も不動産屋巡りをした後で、徒労感に襲われながら、石田さんは帰宅の途に就いた。

時刻は午後六時を過ぎており、辺りは既にとっぷりと暮れている。

駅を降りて細い路地裏を歩いていると、彼はいきなり異変を感じ取った。

街灯の薄明かりに照らされて、前方に見える暗がりに、黒い影が立っていたのだ。

妙に足が短く、胴の長い、人の形をした黒い塊。

それはゆらゆらと揺れ動きながら、こちらに向かって少しずつ近づいてきている。

彼は慌てて回れ右の格好を取ると、駅前の繁華な通りへと向かって駆けていった。

そしてそのまま別の道を通って、相当な回り道をしながら自宅へと辿り着いたのである。


その日を境にして、その影のようなものは石田さんに付きまとい始めた。

近所をジョギングしている、早朝の道。初めて訪れた場所での昼頃、その雑踏の中。挙げ句の果てには真夜中、家の近くの街灯の下。

時間や場所を問わずに、あの影は彼の周りを彷徨《うろつ》いていたのである。

何故か建物の中には入ってこられないらしく、屋内でその姿を見かけたことだけはなかった。

しかし最早、レストランの開店準備どころの話ではなくなってしまったことだけは確かだった。

彼は外出するのを極力控えるようになってしまい、当初の計画も頓挫しかけていた。

その日、石田さんは止むに止まれぬ事情で乗用車を運転していた。

親しい知人が入院したとの連絡を受けて、病院までお見舞いに行く途中であった。

あの影に付きまとわれて以来、電車に乗ることすら恐ろしくなっていたのだが、今回ばかりは仕方がない。

小一時間ほど運転してもうすぐ到着すると思われた辺りで、黒い服を着た人が車の前に飛び出してきた。

焦った石田さんは、急ブレーキを掛けながら、人を避けようとして思い切りハンドルを左に切った。

辺りに響き渡る轟音とともに、彼の視界が目映い光に包まれる。

意識を取り戻したのは、病院のベッドの上であった。

シートベルトを着用していたおかげで大事には至らなかったが、ハンドルに頭を強打し、右の鎖骨と左足を骨折して暫く入院する羽目になってしまった。

無事退院することができたが、頭部をぶつけたせいか両手に後遺症が出てしまい、レストラン開店の夢は断念せざるを得なかったのである。

「……アレなんですけど」

あのとき飛び出してきたもの、アレは人じゃなかった、と石田さんは断言する。

全身真っ黒な姿をしたそいつは、長い上半身を更に伸ばすようにして、車のボンネットまで覆い被さってきたのだ。

「……目も鼻も口もないんですよ。そんな人間、何処にいますか？」

あの影に違いないと呟きながら、彼はがっくりと肩を落とした。

しかしそれ以来、彼の元にあの黒い影は出没していない。

カブト狩り

もうじき梅雨の季節が訪れようとしていたが、ここ数日の陽気は真夏を思わせるようであった。

稔君は全身にびっしょりと汗を掻きながら、勾配の急な山道を登っていた。

取っ手の付いた飼育ケースを右手に持ち、小振りのリュックサックを背負って、地上へと降り注ぐ陽光をたっぷりと浴びながら目的地へと急いでいる。

ひっきりなしに聞こえてくる雉鳩《きじばと》の囀《さえず》りに合わせて、無意識にリズムを取りながら、疲れも知らずに歩いていく。

小一時間程度も歩いたであろうか。道が次第に細くなっていき、鬱蒼《うっそう》とした木立を通り抜けると、藁葺き屋根の小さな一軒家が見えてきた。

稔君はその建物を見た途端、思わず声が出てしまった。

「あああ、やっと、だ！」

ぐしょぐしょに濡れたTシャツの上を摘んでパタパタとさせ、涼やかな風を扇ぎ入れながら、辺りに目を遣った。

背の高い木々が広がっており、爽やかな風がそれらを揺らす音と鳥の鳴き声以外はひっそりとしている。

何処をどう見ても、あの一軒家以外に他の家があるとも思えない。

名も知らぬ雑草を踏みしきりながら、彼はゆっくりと一軒家へと近づいていった。

同級生のタカシによると、この辺りに廃屋があって、そこの脇にアレが大量にいる、とのことである。

稔君は期待に胸を躍らせながらも、その家へ向かって歩み寄っていった。

壊れ果てた門を抜けると、向かって右側に真っ黒い土がこんもりと盛り上げられている。

二メートル四方もあるだろうか、結構大きな盛り土になっている。元々は堆肥目的で草か藁を積み上げていたのであろう。

理由は分からないが、雑草達はここにだけは生えておらず、まるで避けているようであった。

ゆっくり近づいて、背負ったリュックサックから園芸用の小さなスコップを取り出した。

「あんちゃん、カブトの幼虫か？」

背後から突然聞こえてきたその声に、彼の全身は一気に総毛立った。

恐る恐る振り返ると、いかにも農作業から戻ってきた感じの中年の男が立っていた。

ボロボロの麦わら帽子を目深に被っているせいで表情までは分からないが、優しそうな声色の持ち主であった。

白いランニングは土で汚れていて、首に巻かれた白いタオルも同様である。

「そこに一杯いっからよ。いっぺ採れよ」

稔君はこくりと頷くと、おじさんから視線を逸らし、注意深く盛り土の麓を優しく掘っていった。

「わっ、いるっ！　いるよっ！」

余りにも興奮し過ぎて、思わず大声を出してしまった。

スコップには、柔らかそうな腐葉土とともに、丸々と太った乳白色の幼虫が乗っかっている。

焦げ茶色い頭部の下にある六本足をばたつかせながら、胴体から灰色がかった尻に掛けて無気味に顫動《せんどう》していた。

もうじき蛹《さなぎ》になるらしく、大匙にどうにか乗っかるサイズの、かなり大きな幼虫である。

稔君はその幼虫を優しく飼育ケースに入れると、次の獲物を捕獲するべくスコップを土に入れた。

「いるっ！　すげえなあ、おじさん！」

一掘り毎に湧き出してくる大きな幼虫に小躍りしながら、背後のおじさんに視線を戻す。

しかし、おじさんはいつの間にか去ってしまったようで、そこには誰もいなかった。

「かあちゃんっ！　見て見てっ！　かあちゃんっ！」

持参したケースが小さ過ぎたようで、余り持って帰れなかったことが悔やまれるが、嬉しいことに変わりはない。

早く誰かに自慢したくて仕方がないらしく、自宅に帰るなり稔君は母親を呼び続けた。

「はい、はい。どれどれ」

彼の母親は笑みを浮かべながら、息子の採ってきた幼虫を見ようとしていた。

しかし、母親がケースの中を覗くなり、とんでもなく大きな悲鳴が家中に響き渡った。

「ミノルっ！　お前、こんなもの拾ってきて！　このバカっ！」

咄嗟に振り下ろされた拳骨が、彼の頭上に叩き付けられた。

ごつっと鈍い音がしたが、その痛みはそれほどでもなかった。

「何すんだよ！　何すんだよ！」

責めるような目付きを母親に向けるが、彼女の余りの表情に萎縮してしまって、彼はおずおずと幼虫へ視線を向けた。

だが、飼育ケースの中に幼虫は一匹も入っていなかった。

そこには、まだ体温すら残っていそうな子鼠や、まだ目も開いていなさそうな雛鳥の死骸が入っていたのである。

「ミノル！　可哀相だと思わないのっ！」

母親の怒号が鳴り響く。

「すぐに返してくる！」

彼はそう告げると、急いで山道へと向かっていった。


「おじさーん！　おじさーん！」

例の一軒家の近くまで辿り着くと、稔君は辺りを見回しながら大声で呼び続ける。

壊れた門の裏側に佇む人影がゆっくりと動き始めて、彼の元へと近づいてきた。

「おお、兄ちゃん。またカブトか？」

帽子の影に隠れているが、その乾いた唇が上方へ向かってにやりと曲がった。

「ちがうよ！　ちがうよ！　これ、カブトじゃないじゃん！」

ただの死骸じゃないか。母ちゃんにこっ酷く怒られたじゃないか。

非難するようにそう告げると、おじさんはくくっ、と、くぐもった笑い声を上げた。

その声を聞いた瞬間、何故か稔君の全身は一気に粟立った。

「よっく見てみな。でっけえカブトの幼虫だべよ」

稔君は半信半疑でケースへと目を遣った。確かに、そこには丸々と太った乳白色の幼虫が数匹入っている。何処からどう見ても、カブトムシの幼虫であることに間違いはない。

「……アレっ。さっきは鼠と鳥が死んでいたのに。おっかしいなあ……」

稔君は自分の見たモノが信じられずに、その場で立ち尽くしている。

「な。んだべ。そらっ、母ちゃんにもう一回見せてこい！」

背中をパンと叩かれて、稔君は首を捻りながら自宅に戻ろうとした。

そのとき、またしても背後から声が聞こえてきた。

「こっらあああああああっっっ！」

今度は中年女性の声で、その調子から判断するに結構怖そうな人のように思えた。

稔君は急いで振り返った。しかし、そこには誰もいなかったのである。

そして先ほどまで確かにいたはずのおじさんも、稔君が視線を外したほんの数秒のうちに、消え去ってしまった。

また、恐ろしい声をした女の人の姿も、何処をどう探しても見当たらない。

何気なく足下に視線を移すが、自分以外の足跡も一切ない。

稔君は訳が分からず、右手に持った飼育ケースをもう一度確認することにした。

そこには、自宅で見たように、小型のほ乳類と鳥類の骸《むくろ》しか入っていなかったのである。

急に強くなった風に身体を震わせながら、稔君は骸を元の場所に戻そうとした。

スコップを堆肥に入れるたび、彼は自分の目が信じられなくなってしまった。

その腐葉土の中には、恐らくカブトムシの幼虫なぞ端からいなかったのだ。

そこにいるのは、埋葬された無数の小動物の死骸のみであったに違いない。何故なら、一掘り毎に小さな骸が顔を出してきたのだから。

子鼠や栗鼠《りす》、雛鳥達が変わり果てた姿となって、その盛り土の中へと埋葬されていた。

その光を失った目と、可愛らしい口から覗かせた小さな歯が哀れで仕方がない。

涙と洟で顔面をぐしゃぐしゃにしながら、稔君は静かに手を合わせ、急いでその場から去った。

生命反応なし！

関東地方に大きな湖がある。

日本屈指の湖面積を誇るこの場所は、季節を問わず多くの釣り人で賑わっている。

香田さんは友人に誘われて初めて訪れたこの場所で、渋々ながらもブラックバス釣りをしていた。

彼は今まで、釣り自体をやったことがなかった。しかし、当時はバスブームが到来していた時代である。テレビでは芸能人が得意げにバスを釣り上げており、バス釣りの上手な少年を主人公にしたアニメーションもあった。

流行に乗っかってみよう、そんな軽い気持ちで釣りをしていたが、ちっとも釣れやしない。それもそのはず。釣り方も分からなければ、何処で釣れるのかも分からない。辺りに目を遣ると釣り人の姿が大勢あったので、この場所で間違いはないはずなのであるが。

ベテランだと思っていた友人も、これといった策がありそうには見えない。

「……生命反応なし！」

などと嘯《うそぶ》いて、魚がいないから釣れないと言わんばかりである。

　香田さんは釣りを休止して、煙草を吹かしていた。夏を目前としているにも拘わらず、爽やかな風が実に気持ち良かった。

　西に消えようとしている太陽が、本日最後の輝きとばかりに懸命に辺りを照らしている。

「兄ちゃん！　おい、兄ちゃん！」

　呼びかけられているのが自分とは気が付かず、気が付くまで結構な時間を費やしてしまった。

　根元まで燃えている煙草を携帯用灰皿で揉み消し、香田さんは慌てて振り向いた。

　そこには漁師らしい初老の男性が立っていた。人懐っこそうな表情とは裏腹に、やけに厳しそうな目付きをしている。

「兄ちゃん！　ブラックはそこじゃ釣れないな。あっちだ」

　そう言いながら、遠くに見える対岸の方向を指さした。

「え、あっちですか。結構遠いみたいですが」

　そう応えながら隣の友人に視線を遣ると、彼は何度も頷きながら、移動の準備をしている。

「分かりました！　ありがとうございます！」

　ぺこりと頭を下げ、漁師の教えてくれた辺りまで車を走らせた。

　辺りには夕闇が迫っており、魚の数より多いんじゃないかと思われた釣り人達も、いつの間にか殆ど姿を消していた。

「この辺りじゃないかな、多分」

香田さんは運転席の友人にそう告げて、湖に添った細い砂利道に車を駐めさせた。

「よっし！　一匹くらい釣ろうぜ！」

友人のその言葉を聞いても、実際香田さんはどうでも良かった。だが、威勢の良い相槌だけは打っておくことにした。

数十分ほど釣っていたが、魚の釣れる気配は一切ない。一体、どうやったらここの魚は相手にしてくれるのか。

余り関心を持てなかった香田さんも、次第に悔しさが込み上げてきた。

〈絶対に一匹は釣ってやる〉

急遽意気込みながら、魚の好みそうな場所を狙ってルアーを撃ち込んだところで、不意に耳元で声が聞こえてきた。

「お兄ちゃん。あっちだよ。あっち」

その可愛らしい声に思わず振り返ると、彼の背後に五歳くらいの女児が立っていた。

幼稚園児らしく黄色い帽子を被っており、やたらと目立つ赤い洋服を着ている。

「あっちだよ。あっち！」

女児は水辺とは逆の方向を指さしている。

「え？　あっちのほうに釣れる場所があるのかい？」

驚いて聞き直すと、女児は何度も頷いている。

「おい、行ってみようぜ。きっと流れ込んでいる小川でもあるんだよ」

脇に視線を動かすと、数メートル脇で釣りをしている友人がリールを巻きながら、こちらに一瞥すらくれずに口を挟んできた。やはり、何としてでも魚を釣り上げたいようであった。

「で、どの辺りなの？」

すぐさま視線を戻して話しかけたが、そこには既に女の子の姿はなかった。

「こっちだよ。こっち！」

十数メートル先に見える背の高い雑草の隙間から、彼女は顔を覗かせていた。

盛んに手を振りながら、釣り人二人を誘っている。

「よし、早く追いつこうぜ！」

友人は竿を手にして、小走りに駆けていった。

彼に遅れまいと、香田さんも慌てて後を追い掛けていく。

道とは到底思えないような細い場所を、先行者達の痕跡を頼りに彼は懸命に走った。

久しぶりに走ったせいか息も絶え絶えになって、やっとのことで友人に追いついたときには心底くたびれ果てていた。

「……お、おひぃ。お、おまへぇ……早い、よぉ……」

肩で息をしながら友人に目を向けたところ、彼は呆然と立ち尽くしていた。

目の前には無数の雑草に囲まれた、大きな建物が聳《そび》え立っている。

「……何、ここ。工場……いや、病院？」

そこはかなり昔に人の姿が消え失せてしまった廃墟らしく、二階建ての建物は相当な数の窓硝子が割れてなくなっていた。

「おい、あの子は？」

立ち尽くす友人に声を掛けるが、何の返答も返ってこない。

痺れを切らして右肩を軽く叩くと、ビクッと脈打つような、全身を使った大げさな動きを見せた。

「お、女の子が！　女の子が！　女の子がぁぁぁぁぁぁ！」

友人はがたがたと震えながら、絶叫に近い声を張り上げ始めた。

辺りを見回しても、あの子の姿は何処にも見当たらない。

もうすぐ完全に陽が落ちてしまう。勿論家はこの付近だと思われるが、それでも万が一いなくなったりしたら大問題である。

「おい、見失ったのか？」

責めるような視線を友人に向けてそう問うが、彼の耳には何も入ってきていないらしかった。只一点を凝視しながら、大声を張り上げている。

「おい！　おい！　あそこ！　あそこ！」

友人は凄まじい形相で、廃墟の二階を指さしている。

「……あ、いた」

二階の窓硝子が割れた部屋から、あの女児が顔を覗かせていた。

細い腕を窓から伸ばして、おいで、おいでの仕草をしている。

その隣には最初に声を掛けてきた漁師の顔もあって、女児と同じ仕草を繰り返している。

「こっちだよ。こっち！」

耳元で、女児の声が呼びかけているような錯覚を覚える。あんなに離れているのに、その声だけは異様に近く感じていたのだ。

くぐもったしゃっくりのような音が側で鳴った。

慌てて振り向くと、「ひぃ」と情けない声を絞り出した友人が、その場から全速力で逃げていくところだった。

香田さんは訳も分からず、その様を呆気に取られて見つめていた。

だが、いきなり全身に悪寒が走り、彼も友人の後を追おうとした。

しかし、どういう訳か、身体の自由が一切利かない。

両手両足は何かにがっちりと固められたようにピクリともせず、声を張り上げようにもまるで喉元に土でも詰められたかのようだった。

「こっちだよ。こっち！」

彼を呼ぶ女児の声が聞こえてくる。目を逸らしたくても逸らすことができない。

二階の窓では、彼女と漁師が手を振って招いている。

香田さんの両足が、ゆっくりと動いていく。彼としてはすぐにでもこの場を去りたかったが、何故か両足が意に背き始めたのだ。

一歩。また一歩。目の前の建物へと、彼は導かれていく。

そのとき、香田さんの頭部に雨粒が一つ落ちてきた。やがてそれは、豪雨のごとく盛んに降り始め、彼の身体中を見る見るうちに濡らしていった。

しかし、何だろうかこの雨は。まるで血液が降り注いでいるかのように、生暖かいのである。

その気持ち悪さのおかげか、そこで身体の自由を取り戻していることに気が付いた。

持っていた釣り道具は放り投げて、全力でその場から逃げ出した。

気が付いたときには、全身ずぶ濡れの状態で、車の助手席に座ってがたがた震えていた。

運転席では同様に、友人が瞼を閉じながら全身を小刻みに戦慄《わなな》かせている。

二人とも一言も発することができず、暫しの時間が流れていく。

暗闇は既に辺りを覆い尽くしており、車外から聞こえてくる虫の声すら無気味に感じられる。

「……お前、何でそんなにずぶ濡れなんだ？」

友人は、沈黙を裂いて絞り出すように訊ねてきた。

「……いや、いきなり降ってきたじゃん」

香田さんの答えに、友人は何も言わずエンジンを掛けると、車を発進させた。

三十分ほど走った辺りで、友人は独り言のようにぼそりと呟いた。

「雨なんて降ってなかったけどな……」

香田さんの家に着くまでに発せられた言葉は、それだけであった。

清流

木田さんが子供の頃の話である。

「マモル！　もうすぐ行ぐぞっ！」

声量豊かな父親の声が聞こえてくるなり、木田さんは食べ終わった西瓜の切れ端を慌てて流しに運び込んだ。

「ほらっ！　置いてぐぞっ！」

父親のせっかちな声に促されて急いで身支度を調えると、父の姿は既に家の中にはなかった。

「父ちゃん！　待ってけろず！」

彼は急いで長靴を履き、全速力で父の後を追い掛けていった。

辺りは既に暗くなっており、そこら中から聞こえてくるケラの鳴き声で喧しいほどであった。

天を仰ぐと、今では滅多にお目に掛かることのできない満天の星空が広がっている。

彼ら親子は手を繋いで、裏山へと向かって歩いた。

二人の灯す懐中電灯の光明に誘われて、時折ガムシやカナブン等の甲虫が身体に突っ込んでくる。

そのたびに小さい悲鳴を上げる息子を見て、木田さんの父親は豪快に笑っていた。

数十分ほど歩いたであろうか。道なき道の先に、小さな清流が流れていた。

流れはすこぶる穏やかで水深も浅く、履いている長靴でも十分歩けそうであった。

「ここだ。ここで突くぞっ！」

木田さんの父親は背負っているリュックサックから出した大きめの水中眼鏡を息子に渡した。

「そんで、これ、だ。危ねえから、気ぃ付けろよ！」

語気を強めながら、布袋の中から一メートルほどの金属の棒を取り出した。

木田さんは手渡されたそれをまじまじと見つめた。先端は三又になっており、そのいずれも鋭く尖っている。

「このヤスで突くんだぞ」

木田さんはこくりと頷いた。以前、父親に教わっていたので、方法は分かっていた。

水中眼鏡を水面に着けながら、ゆっくりと歩いていく。そして鰍《かじか》の姿を見つけたら、ヤスでその身体を一気に突き刺す。

「オレはあっちでやるから。おめえはこっち側でやれ、な」

そう言いながら、父親は向こう岸へ向かって水中をゆっくり歩いていった。

言いつけられた通り、木田さんはその場から上流へ向かって、懐中電灯で照らした川の底を、水面に浮かべた水中眼鏡で確認していく。

足下に気を付けながら緩やかに歩いていくと、鰍らしきモノを発見した。

川底の石や砂そっくりの保護色に染まった、十センチ程度の魚である。注意深く見ないと、絶対に分からない。

彼は獲物の位置を確認しながら、右手に持ったヤスで一気に突いた。

ヤスの先端が砂地に当たる感触が伝わってきたが、その前に鰍の柔らかい身肉を貫いていた。

「やったっ！　父ちゃん！　やったあ！」

嬉しさの余り大声で叫んだその瞬間、父親の小さいながらも迫力のある声が耳に入ってきた。

「うるせえ、静かにすろず！」

木田さんは咄嗟に口を噤《つぐ》むと、反省した表情をしながら、黙々と鰍突きに熱中した。

どれくらいの時間が経ったのであろうか。

あれから獲物の姿を一匹も見ていない木田さんは、焦りながら視線を岸辺へと向けた。

既に大量の鰍を獲り終わったのか、彼の父親は川岸に転がっている大岩に腰掛けて、旨そうに紫煙を薫《くゆ》らせている。

焦燥感に襲われて、下っ腹がきゅぅんとなった。そのとき、彼の懐中電灯は大きな鰍の姿を捉えた。

それは最初に突いた獲物の倍ぐらいの大きさであった。ここまで大きな鰍は、滅多にいないのではないだろうか。

木田さんは震える右手でヤスを準備した。そして一気に突こうとしたとき、突然現れ出た藻らしきものに目の前が覆われてしまった。

〈わっ、何だよ。ジャマだなあ、見えないよっ〉

黒々とした藻は、水中眼鏡全体を覆い尽くすように広がっていた。

こんな藻ってあったっけ？　まるでアレみたいな。一本一本が細くて長い、髪の毛みたいな……。

またしても木田さんの下腹部はきゅぅんとなり始め、この気温にも拘わらず強烈な寒気が襲ってくる。

水面に浮かんだ水中眼鏡を通して、髪の毛のような黒い藻が流れていく。

そして、漸く藻が流れ去ったかと思ったとき、真っ白な顔をした女の顔が突然浮かび上がった。

「ひゃっ！」

小さな声を上げながら、彼は瞬時に水中眼鏡から顔を離した。

懐中電灯で川面を照らしながら水面に向かって目を凝らしてみるが、おかしな点は見当たらない。

〈でも、変だよなあ〉

あんなモノが足下に流れてくるなら、どうして自分の身体には何も感じられないんだろうか。

首を捻りながら、彼はもう一度水中眼鏡を通して川の中を見た。

白い顔の大きく見開かれた瞼の中に、気味が悪いほど大きな瞳が見えている。

続け様に、マネキンのような色をした上半身が通っていき、下半身、そして足が現れ出てきた。

「ひゃっああああああああっっっっっっ！」

全裸の若い女性が川の中を流れてきたのである。絶対に生きているはずがない。

木田さんは大きな声で悲鳴を上げるが、不思議なことに声は出てこない。

視線は相変わらず水中眼鏡が映す水中に釘付けになっていて、どうすることもできない。

女がいなくなったと思ったら、次にはとうに髪の毛を失った禿頭が映し出された。

深い皺の刻まれた顔面は、苦悶の表情を浮かべている。

その顔が水中眼鏡一杯に映った瞬間、物凄い力によって、彼の頭は水の中へと強引に引き込まれてしまった。

すぐに口内にごぼごぼと水流が流れ込んできて、一瞬で呼吸ができなくなってしまった。

それとともに、目映いほどに真っ白な光が目の前に広がっていく。

そのときである。

いきなり頭に激痛が走った。

まるで頭髪を鷲掴みにされて、勢いよく上へ向かって引っ張られているような感覚であった。

木田さんが我に返ったそのとき、父親からの力強い張り手が彼の両方の頬に打ち付けられた。

「何やってんだ！　何やってんだ、おめえは！」

何回も何回も、頬に熱い痛みが走る。

「死ぬ気か！　このバカがっ！」

父親の大きな涙声が辺りに響き渡った。


後で父親に聞いた話によると、木田さんは水中眼鏡ごと水の中に頭を突っ込んでいたとのことであった。

外から見れば、確かに自殺行為にしか見えない。

そして、水中を流れてきた死体の件を幾ら説明しても、誰も信じてはくれなかったのである。


木田さんは今でもこう思っている。

あの場にもし一人で行っていたならば、自分は既にこの世の人ではなかったに違いないと。

成長して今では都会に暮らしている彼も、お盆には実家に帰るようにしている。

それでもあの山と川には近づく気にもなれなかった。

彼を救ってくれた父親も既に亡くなっており、あの川から鰍の姿が見えなくなってから数十年が過ぎようとしている。

波濤

今から数年前のことである。

うららかな日和が続いた土曜の午後であった。

小林さんは折りたたみ椅子に腰掛けて、呆けた視線を釣り糸に向けていた。

比較的大きなクーラーボックスの中には、予備の釣り餌と保冷剤しか入っておらず、そこに獲物の姿は一匹もない。

彼は頭を抱えていた。

知人の薦めで釣りを始めてから、何も釣れなかった日は今まで一度もなかった。

今回のような釣果は初めてであったので、彼の頭の中は敗北感で一杯であった。

本命のアジやサバが釣れなくても仕方がない。しかし、魚の引きだけは愉しませてくれる、草河豚《くさふぐ》等の外道も釣れないとは一体どういうことであろうか。

海釣りにおいては潮の満ち引きによって釣果が変わることが多々あるが、彼はそんなことすら熟知していない。

何故なら、今まで潮汐《ちょうせき》なぞ気にしたことは一度もなく、坊主に終わった日が一度たりともなかったからである。

何故釣れない？　どうして魚が餌に食いつかない？

釣りに関しての引き出しがあれば色々と対応できるのであろうが、今までその必要がなかった彼に、そんなものがあるはずがない。

どうしよう。どうすればいいのだろう。

考えても、どうしようもなかった。周りに目を向けても、誰一人として魚が釣れている様子がないのである。

彼は初めての体験に打ちのめされて、海中から出ている釣り糸をただ呆然と見ていた。

「兄ちゃん、釣れないだろっ！」

いきなり背後から声を掛けられて、小林さんはビクッと身体を震わせた。

激しく波打つ心臓の鼓動を感じながら、彼は勢いよく振り返った。

そこには、小汚い自転車に乗った、ジャージ姿の見知らぬ中年男が笑っていた。

角刈りの頭に、鰓《えら》の張ったこれまた角張った顔が、薄い唇を曲げて精一杯の笑みを浮かべている。

自転車のリアキャリアには大きめのクーラーボックスがゴム紐でくくりつけられており、その男の肩にはロッドケースが掛けられていた。

間違いなくこれから釣りに行くか、もしくは既に釣り終わった格好である。

「あ、はい。今日は駄目ですね。誰も釣れてないですよ」

まじまじと見つめてくる角刈りの視線に耐えきれず、小林さんはやや視線を外しながらそう答えた。

「ふーん。どれどれ、どんな仕掛けを使ってんのか見せてちょーだいな」

角刈りに言われるまま、小林さんは仕掛けを海中から引き上げて見せた。

「あ、はははははっ。これじゃ何も釣れないよ、兄ちゃん」

角刈りは自転車から降りると、小林さんに言った。

「これから釣ってみるから。ちょっと竿貸して」

その見知らぬ男の一挙手一投足を半信半疑で見つめていると、小林さんは己の自信がボロボロに崩れ落ちるのを感じていた。


その男は、イマサキと名乗った。

イマサキははっきりと物を言う性質であったため、人好きのする性格ではないと思われたが、釣りの腕だけは一級品であった。

何よりまず、釣りのみならず海に対する知識が半端なかった。

潮汐から始まり、風の吹き方や水の色、魚の種類や生態に関してまで、物凄い知識量を持っていた。

イマサキが釣れると言えば必ず釣れるし、釣れないと言えばその通りに終わった。

それらに惹かれてしまった小林さんは、半ば強引に彼の携帯番号を聞くと、釣行前には必ず彼に連絡を取るようになった。


ある月夜の晩のこと。待ち合わせ場所に訪れたイマサキは、鋭い視線を向けながら小林さんに言った。

「なあ、でっかい奴を釣ってみたくないか？」

でっかい奴って、一体何？

そう訊ねたところ、イマサキは薄い唇を無気味にねじ曲げながら言った。

「ヒラマサだよ。ヒラマサ」

「それって、青物のことですか？　一メートル近くあるんじゃなかったっけ？」

イマサキはにやにやと笑っている。

小林さんが狙っているのは、いつも掌サイズの魚である。極稀に三十センチを超える魚が釣れることもあったが、これですら釣り上げるのに難儀していた。メートル級と言えば釣り鉤に掛かったときの引きは想像すらできなかった。

しかし、この付近でそんな大物が釣れる場所があるのだろうか。一つだけ心当たりがあったが、その場合は断る外ないであろう。何故なら、彼は船に乗るとすぐに酔ってしまう質であったからである。

「あの、イマサキさん。船だけは勘弁して……」

「ばっか、お前。船なんか乗る金があるかよ。あそこだよ。あそこで釣るんだよ！」

彼の指し示す所を凝視してみるが、一体何処で釣れるのかさっぱり分からない。

「よっし。ちょっと行ってみるか」


イマサキに連れられて辿り着いた所は、小林さんの想像とはかけ離れていた。

そこが彼の言う釣り場であることに間違いはなさそうであるが、物々しい三メートルほどの鉄柵に守られていた。

格子状の扉は南京錠と太い鎖で施錠されており、とてもじゃないがここから釣り場へ入れるとは到底思えない。

それより何より、緑色の鉄柵の向かって右側、コンクリート部分に設置されている、大きな看板の文言が小林さんの背筋を凍らせた。

そこには「立入禁止」と赤字で大きく記載されていた。勿論、そうなのであろうが、そこから先には信じられないようなことが書かれていた。

曰く、〈この防波堤は、高波などで非常に危険です。既に五十八名の死亡者を出す事故が発生しています。云々〉と。

弱々しい視線をイマサキへ向けると、彼は薄い唇を使って無気味な笑みを浮かべている。

「こんなんじゃ無理ですって。大体、どうやって中に入るんですか？」

彼は小林さんの問いかけには無言のまま、ポケットの中から何かを取り出した。

「鍵、ですか……」

こんな場所の鍵なんて、どうしてこの人が持っているのであろうか。

「オレさあ、合い鍵持ってるから！」

嬉しそうに話すイマサキを見るなり、小林さんの胸は高鳴った。

どう考えても、ここは一般人が入ってはいけない場所に思われる。とすると、イマサキは港湾事務所の関係者に違いない。

こんな機会は滅多にお目に掛かれないであろう。

小林さんは期待に胸躍らせながら、釣り竿を入れたバッグを肩に掛け直した。

そのとき、何処からともなく刺すような視線を感じた。

驚いて辺りを見回すが、そこにはイマサキ以外に誰もいない。

ただ、鉄柵の向かい側にある雑草だらけの空き地には、錆び付いた自転車が放置してある。人気がないことから、不法投棄には持ってこいの場所なのであろう。

「さあ、行こうぜい！」

イマサキは南京錠を解錠すると、緑色の鉄柵を開けて中へ侵入していった。

「先に言っておくけど、ここは何でも釣れるから」


「うわあ、長くないですか、この堤防？」

月明かりと弱々しいヘッドライトしかなかったが、ここの尋常ではない長さの理由はすぐに分かった。

実際この防波堤はL字型になっていて、外海に向かって約数キロ程度の長さを誇っていた。

しかし、堤防の先までいくには余りにも距離があり過ぎる。

「堤防じゃなくて、防波堤な。そんな安全なところじゃないから」

イマサキは笑いながら小林さんの発言を訂正した。

堤防は地続きの建造物で、基本的にその上を波が越えることはない。しかし、防波堤は水中に建造されて高波の威力を弱める目的であるから、そこで釣りをすること自体が自殺行為と言える。

「まあ、自転車やバイクを持ち込んで先に行く奴も結構いるよ。でも、そこまで行かなくても十分釣れる」

イマサキはそう言いながら、防波堤の上を歩き始めた。

どれほどの距離を歩いたであろうか。そろそろ疲れ始めてきたとき、防波堤の上にこれまた錆だらけのオートバイが放置されているのを発見した。

恐らくバイクを持ち込んでここまで来たのであろう。そして動かなくなったので捨てていったのではないだろうか。もしくは……。

小林さんは急に怖くなってしまったが、先を行く案内人に置いていかれることだけは避けたい。

三十分程度歩き終えたとき、不意にイマサキの足が止まった。

「ほら、テトラポッドがなくなっただろう。ここでやろうか」

確かに、初めのうちは防波堤の両側をテトラポッドが固めていた。次いで右側だけになっていき、やがてそれすらもなくなってしまっている。

それに気が付いた途端、今度はこの防波堤の幅がやけに狭いことが気になって仕方がない。

しかし、テトラがなくなっただけでこんなにも不安感が増すとは……。

それもそのはず。大海原で数メートルしかない足場に立っているようなものである。不安にならないほうがどうかしている。

しかもよく見てみると、足場の殆どが濡れているではないか。ということは、完全に波がここまで来ていたことを意味する。

小林さんの陰嚢《いんのう》がくぅーんと収縮した。

「おっしゃ！　来たぜ！」

竿を満月に曲げながら、イマサキは獲物と格闘をし始めた。

「いやあ、釣れましたね！」

満足そうに、小林さんは言った。短い彼の釣り人生の中で、ここまで釣れたことは一度もなかった。

青物だけではなく大きなヒラメまで釣り上げて、もう十分過ぎるほど満喫していたのである。

「しかし、ここって気持ちが悪いほど人気のない場所なんですね」

彼らが釣りをしているときに人の気配はなかったし、誰の姿も見ていなかった。

「まあ、関係者しか入れないんじゃ仕方がないですよね」

小林さんがそう言うと、イマサキは煙草に火を点けながらとんでもないことを言い出した。

「いや、いつもはこんなもんじゃないよ。大体オレ関係者じゃないし、合い鍵だって簡単に手に入るしさ。でも……」

紫煙を一つ吐きながら、不思議そうに続けた。

「おかしいんだよな。こんな日に誰もいないなんて、さ」

その一言がきっかけになったかのように先ほどまでの心地よい微風は様相を一変した。

そして、塩っ気をたっぷりと含んだ強く生暖かい風が吹き始めた。

それとともに防波堤にぶつかっては消えていった波も次第に強くなっていき、足下まで波が打ち付けてくるようになっていった。

このままでは、この波もいつしか高波へと変わるに違いない。そして間もなく、この防波堤全てを覆い尽くすほどの波濤《はとう》へと変貌を遂げてしまうことは容易に想像できる。

最早、一刻の猶予もないのかもしれない。

「やばいっ！　もう、帰りましょうよ！」

焦った小林さんが慌てて帰り支度をしていると、風と波の音に混じって、微かなエンジン音が聞こえてきた。

最初は漁船かと思ったが、どうやら違うようであった。

その音は徐々に大きくなっていき、明らかにこの防波堤を伝って聞こえてきている。

「っんあ。っんあ。っんあ。っんあ。っんあ」

蒼ざめた顔色をしながら、イマサキが驚愕の表情で陸のほうを凝視している。

今まで聞いたこともないような奇妙な呼吸をしながら、まるでこれから訪れるであろう何かを恐れているようにも感じられた。

「っんあ。っんあ。っんあ。っんあ。っんあ……あああああああっ！」

突然、イマサキは絶叫しながら、防波堤の先端に向かって走り出した。

小林さんは呆気に取られてしまい、ぽかんとした表情で見送ることしかできない。

「ンぐるぅううううん、ンぐるぅうううううん、ぐるぅうううううん」

小林さんの後方からイカれたエンジン音が聞こえてきた。そして、小汚いバイクが緩慢な走りで彼を抜き去っていく。

何処かで見たことがあるバイクだな——その違和感の正体に急に思い当たった。

あのバイク。あの錆だらけのバイク。あれってさっき見つけた奴じゃないのか。防波堤の上で朽ちていた、アレじゃないのか？

そう思った途端、漸く気が付いた。そうだった。さっきのバイク。誰も乗ってなかったんじゃないのか？

「んぎゃぁぁぁぁぁぁぁぁっっっ！」

防波堤の先端のほうから、獣の断末魔にも似た絶叫が聞こえてきて、それとともに何かが落水する音が辺りに響いた。

それを聞くなり、小林さんは思いっきり走った。ここまで真剣に走ったことは、今まで一度もない。道具も全てほったらかして、とにかく入り口に向かって走り出したのである。

ヘッドライトの頼りない灯りだけで、ただひたすらに走ったことに違いなかったが、道中で足下に視線を向ける余裕だけはあった。

即ち、先ほどまで放置してあった壊れたバイクが、その場から消え去っていたことだけは確認していた。


あの日以来、イマサキとは連絡が付かない。

携帯電話が繋がらないことには、どうしようもなかった。

あれから数年経過した今でも、その状況に変わりはない。

但し、例の防波堤までたまに釣りに行く人に確認したところ、防波堤の途中に捨てられていたバイクは今でも存在しているそうである。

なお、例の警告が書かれた看板であるが、既に十名加算されて六十八名の死亡者となっていた。

その中に、イマサキが含まれているのかいないのかは知る由もない。

※数年前に取材した話であるが、今回この話を執筆するに当たって再び現地を訪れることにした。
辺りには強風が吹きすさび、件の防波堤へと誘う道路も打ち寄せられる高波によって、結構潮を被っている状態であった。

そして堤防への入り口へ向かったところ、やはり厳重に管理されている。

所々緑色の塗装が剥げている鉄柵は、金色に輝く南京錠と、太い鎖が巻かれていた。

鉄柵の向かって右側のコンクリート部分に視線を向ける。

そこには例の警告がなされている看板があるが、死亡者の数のところだけ白いペンキのようなもので塗り潰されていた。

その部分を凝視してみたところ、うっすらとではあるが、「七十二」といった数字が見えていた。

外道

月明かりの中、幾重にも積み重ねられたテトラポッドの上で、谷中さんは数本の竿を駆使して釣り糸を垂れていた。

普段は彼と同様に複数の竿を出す釣り人で賑わっているこの場所も、今日に限っては人っ子一人おらず、ほぼ貸し切り状態であった。

それもそのはず。台風の接近で、間もなくこの辺りは暴風域に突入する予報だったからである。

しかし、そんな予報も谷中さんにとっては好材料でしかなかった。

悪天候イコール好釣果、それが彼の持論であった。

一般的な釣りでは一番の大敵は風である。しかし、テトラポッドの隙間などの足下に仕掛けを垂らして釣りをする、いわゆる穴釣りにおいては風の影響を余り受けない。

更に谷中さんの場合、悪天候のときほど大物を釣ることができるといったジンクスが存在していたのである。

釣り場に入る前の入り口には、様々な看板が掲げてあった。

曰く、「いせえび採捕禁止！」だの「密漁は犯罪行為です！」等々。

しかし、そのような警告は彼に対して何の効果も及ぼさなかった。

こんなにも雨風の激しい真夜中に、わざわざ見回りにくる奴なんているはずがない。

そう高を括《くく》って、彼は足下に出している複数の竿先を凝視していた。

時折強風に運ばれてくる大粒の雨が、顔面に叩き付けられる。

その合間を見計らって胸ポケットの煙草を取り出そうとしたとき、正面に置いてあった竿先が弾むような動きを見せてから、一気に折れ曲がった。

「よっし！　きたっ！」

彼は急いで竿を掴み上げると、軽く合わせて鉤掛りを確認してから、リールを巻き始めた。

竿先と釣り糸を通して、確かな重みが感じられる。

しかし、何時まで経っても重いだけで、海老独特の躍動感が一切感じられない。

ゴミでも引っかけたのかもしれない。そう思って、彼はリールを巻くスピードを速めた。

「……ん、くそったれが！」

釣り上がってきたのは、海星《ひとで》であった。

大人の掌ほどもある大きさだったため、結構な大物には違いなかった。

しかし、嬉しくないものは嬉しくない。

谷中さんは舌打ちしながら、鉤を外そうとヘッドランプで海星を照らした。

高照度ＬＥＤに照らされて、その姿が明らかになる。

それは、海星ではなかった。

皮膚がざくざくに切り裂かれた、土気色をした人間の掌だった。

全ての爪は剥がれ落ち、醜い指先が無気味に蠢いている。それはまるで、逆さまになった甲虫の脚を思わせるような動きであった。

手首から切り落とされたのか、その断面は岩肌のように荒れ果てており、その真ん中には骨だと思われる灰色の部分が顔を覗かせている。

谷中さんは、思いっきり悲鳴を上げたが、それは激しい風雨に掻き消されてしまった。

しかし、その釣り上げた物体は彼の悲鳴に怯えたのか、小刻みに震えると掌の下部に掛かった釣り鉤《ばり》を指で器用に外してしまった。

そして掌はテトラポッドの穴を目がけて、素早く這っていった。

そのまま、隙間の奥深くへと消えてしまったのである。

谷中さんは両目を幾度となく瞬《まばた》きしながら、まるで観賞用の金魚のように口をパクパクと動かした。

それから間もなく、震える全身をどうにかして落ち着けるため、煙草に火を点けた。

その途端、彼の左右に置いていた三本の竿が、同時に跳ね上がった。

そして一気に海中へと向かって激しく曲がり始めた。

今度こそ海老に違いない。だけど、もしさっきと同じだったら。三本の竿に、同じようなシロモノが掛かっていたら。

そんな、バカな。

谷中さんは適当に一本を選ぶと、リールをゆっくりと巻き始めた。

先ほど同様、重さを感じるだけで躍動感など微塵《みじん》もない。

釣り糸の入っている隙間に向けて、そっとヘッドライトを照らす。

そろそろ姿を現してもいい頃合いであったが、それはテトラポッドの隙間に引っかかっているらしくなかなか出てこない。

彼は両手に力を入れて、一気に引き上げようとした。

しかし、獲物が大き過ぎるのかテトラポッドの隙間にがっちりと引っかかっており、どうやっても釣り上げることができない。

谷中さんは、LEDライトで照らすと、竿先から伸びている釣り糸を辿って、テトラの隙間に向けた。

「……あっ！」

その一声だけ上げると、彼は即座に釣り糸をハサミで切って鉤先を仕掛けごと捨てると、あっさりその場から立ち去った。

帰りの運転の記憶は、すっぽりと抜け落ちていた。

気が付いたときには、谷中さんは自宅の煎餅布団にくるまって震えていたのである。

「アレはねえ。アレは。うん、しゃれこうべっていうのかなあ、多分」

釣り鉤は完全に、アレの上顎に掛かっていたんだけど――と、谷中さんは言った。

コマセ

終電間際の電車で帰宅した小森さんは、早速出発の準備に取りかかった。

釣り道具の類は既に車に積んであったので、後は冷凍庫の中の釣り餌の用意だけである。

かちんこちんに凍っている釣り餌とコマセ一角を中型のクーラーボックスに入れると、車で釣り場へと向かった。

コマセとは撒き餌のことで、オキアミやアミエビの塊を冷凍したものである。また、一角とはコマセの単位になり、おおよそ横三十センチ、縦十七センチ、厚み七センチで重さは三キロであるから、結構な大きさである。


道中は流石に眠かったが、潮の香りを嗅いだ瞬間、小森さんは全身の細胞が覚醒したような気がした。

猛る心を抑えつつ、車を防波堤の隅に駐車する。

そして車から降りると、いつもの場所に陣取ったのである。

この場所は常夜灯の近くで魚が集まりやすく、また深夜でも携帯用ライトの必要がないとっておきのポイントであった。

釣り竿の準備をしてから、彼はコマセの支度に取りかかった。

凍ったままのコマセでは使い物にならないので、海水を使って解凍しなければならない。

彼はザルにアミコマセの塊を入れようと、クーラーボックスの蓋を開けた。

予想に反して、粘度の高そうなもわっとした臭気が、彼の目と鼻を直撃した。

思わず瞼を閉じて、鼻と口を手で塞ぎながら、思いっきり顔を顰《しか》める。

有機物の腐敗した香りときつい刺激臭が漂っており、とてもじゃないが顔を近づけていられない。

十分くらい経ったであろうか。臭いのほとぼりが冷めた頃合いを見計らって、彼はクーラーボックスに顔を寄せた。

そこに見えたものは、四角く凍ったアミコマセの塊ではなかった。

どろどろに溶けて腐敗したコマセの海の中に漂っている、若い女の顔であった。

ボサボサに伸びきった頭髪は海藻のように揺蕩《たゆた》い、ぽっかりと開いた口には腐ったコマセの液汁が出たり入ったりしている。

そして、しっかりと閉じられた瞼と鼻腔は、黒い糸で縫いつけられていた。

彼は咄嗟に、クーラーボックスの蓋を閉めた。

頭の中が混乱して、何をどうすべきなのか見当も付かない。

ほんの二時間ばかり前には完全に凍っていたはずのアミコマセが、何であんな状態に？

絶対におかしい。幾ら八月とはいえ、保冷剤と一緒にクーラーボックスの中に入れていた訳だし、直射日光に当てていた訳でもない。

脳内に広がっていく疑問符の風向きが、漸く変わった。

「……あっ！　あっ！　どうしよう！」

小森さんは思わず大声を張り上げてしまった。

数メートル先で釣りをしている人が、その声に驚いて不審そうにこちらを窺っている。

自分のクーラーボックスの中に、見知らぬ存在とはいえ、人間の生首が入っていたのである。

これは、ヤバイ話になりそうな気がする。勿論その経緯は知らないが、それでもマズそうな気がする。

動悸が激しくなっていき、身体中がかーっと熱くなった。

そして、ねっとりとした厭な汗が流れ出てくる。

えーと、どうしよう。救急車じゃなくて警察に電話するべきなのか？

冷静に努めようとしたものの、自分でも何処かずれているような気がしてならない。

そして暫く経過して、漸くまともな考えに辿り着いた。

いやいや、おかしいだろ。コマセ一角の中に人間の頭が入るはずがある訳ない。

うん、そうだ。もう一回だけ確認してみよう。絶対に目の錯覚に違いない。

彼は大きく深呼吸を一つしてから、クーラーボックスの上蓋を一気に開け放った。

アミエビの腐敗臭と刺激臭が混じり合って、嘔吐を催す香りが再び漂い始めた。

だが今回は顔を逸らすことなく、とにかく中身を凝視することに努めた。

結果として目に入ってきたものは腐敗したアミエビと、直径三センチほどの丸い球体であった。

その球体はアミエビの液汁の中を、ゆらゆらと漂っている。

外側のゼラチン質のようなものが妙に白濁しており、表面には真っ黒で円状のものが浮かんでいた。

(わっ、目が合った!)

戦慄《せんりつ》が身体を襲った。

「……うわっ！　これって、眼球じゃないのか？」

小森さんは悲鳴を上げながらクーラーボックスを持ち上げると、海に向かって逆さまに引っ繰り返した。

どぼっどぼっと音を立てて、コマセ液とその球体は海へと還っていった。

勿論、その後釣りにならなかったことは言うまでもない。

以来、小森さんはコマセの調達先を、それまでずっと使っていた近所の釣具店から、別の店に変えてしまったのである。

ミキさん

山木さんは吸い口の潰れた煙草を地面で揉み消すと、おもむろに竿を上げた。

練り餌はとうになくなっており、残された返しの一切ない釣り鉤だけが鈍色に輝いている。

「……ミキさん、って呼んでいたよ」

二本目の煙草に火を点けながら、山木さんは遠い目をして語り出した。

「釣りの上手い人だったなあ……」


山木さんがへら鮒釣りに夢中になって、その川に通い始めたのは桜の咲く季節であった。

友人に誘われてへら鮒釣りを始めた頃の彼は、管理釣り場に足繁く通っていた。

だが、その施設に「釣らされている」感に違和感を覚えてしまい、間もなく自然の魚を相手に竿を振るようになっていった。

ここで彼は壁にぶち当たった。

魚を大量に放流している管理釣り場と違って、自然の河川や湖沼の魚はそう簡単には相手にしてくれない。

望むような釣果に恵まれずに、彼は大いに悩むことになったのである。

山木さんが通い始めた河川では、色々な釣り師が釣り糸を垂らしていた。

頑丈な道具で大鯉を狙っている人もいれば、今にも折れそうな細い竿で小物釣りをしている人もいる。

あるとき、彼が水面に浮かんでいる浮子《うき》を眺めていると、突然どぼんっと音を立てて、浮子のすぐ脇に何かが落ちてきた。

慌てて辺りを見回すと、右手に立っている少年がばつの悪そうな顔をして、勢いよくリールを巻いている。

最近釣果に恵まれていなかったせいもあるのかもしれない。山木さんは血走った目をその少年に向け、思わず怒鳴り付けようとした。

「このヘタクソが！」

そう怒号するはずの言葉が、唐突に耳に入ってきた嗄れた声によって喉元で止められた。

「ここはお前の川かい？　なあ、兄ちゃん！」

声の聞こえてきた左側に目を遣ると、小汚い格好をした老人が、水面に打ち捨てられたボートの上に座って釣り糸を垂れていた。

黒い帽子を目深に被って、旨そうに紫煙を燻《くゆ》らせている。

「ここはお前の川じゃないし、誰だって間違いをする。そうだろ？」

嗄れてはいるが声量のある声で、そう諭してくる。

確かにそうである。ここは自分の所有している土地ではないし、あの少年も悪気があった訳ではないだろう。

山木さんは唾を飲み込むと、何も言わずに視線を浮子へと戻した。

少年はこの場からすぐに去ってしまったが、山木さんとその老人はそのまま釣りに没頭した。

しかし、自分の浮子はうんともすんとも言わないのに、左脇では魚が水面で暴れる音がひっきりなしに聞こえてくる。

山木さんは気に留めていない態度を取りながら自分の浮子を凝視し続けるが、隣の老人が気になって仕方がなかった。

何処がどう違うのか。餌なのか、仕掛けなのか。一体、どうしたらあんなに釣れるようになるのか。

夕日が西に向かって消え始めた頃、山木さんはその老人に話しかけていた。

老人は、ミキと名乗った。

それが苗字なのか名前なのかは分からないが、とにかく山木さんは彼をミキさんと呼んだ。

彼は年金生活者で、毎日のようにその川に通って釣り糸を垂れていた。

そこには木製の手漕ぎボートが打ち捨てられていて、まるで座礁でもしたかのように半分岸に乗り上げていた。

彼はそこに木の板を持ち込むと、専用の釣り座を拵えて、朝から晩までそこでへら鮒を狙っていた。

毎日のように釣りをしているおかげなのかもしれないが、その釣技は本物であった。

山木さんが釣りに関して抱いていた疑問点は、ほぼ正確な形でミキさんによって解消されてしまったと言っても過言ではない。

更にミキさんに教わったことを実践した結果、爆発的に釣果が伸びていったこともまた特筆すべき点である。

山木さんがミキさんのことを師匠と敬うまで、さほどの時間を必要としなかった。

やがて休日になると、山木さんは必ずと言って良いほど、ミキさんの隣で釣り糸を垂らすことになった。

ある晩のこと。

ミキさんは、例の釣り座の近くで亡くなった。

ぷっかりと水面に浮かんでいる姿を、花火をしに訪れた若者達によって発見されたのであった。

すぐに病死と判断され事件性はないと結論付けられたが、山木さんには到底信じることができなかった。

何故なら、ミキさんは彼にある悩みを打ち明けていたからである。

その川は葦が生い茂っており、必然的に釣りをするスペースが限られてしまう。

数人が竿を振るとほぼ一杯になってしまうことから、わざわざここに足を運んでも、満員で釣りをすることができない人間が現れてくるのもまた必然である。

ミキさんは日の出から日没まで、自分で拵えた釣り座を独占している。

勿論、彼よりも早くその場所で釣りを始める人間がいれば、彼は喜んで他の場所で釣りをしたに違いない。

しかし、この川の常連はミキさんと懇意にしていたので、そのようなことをするはずもないし、そもそも彼より早くここで釣りをする人など今までいたためしがなかった。

ところが、最近ここに現れるようになった三人組の若い連中は、その限りではなかった。

車内から漏れ聞こえてくる重低音とともに、黒塗りのワンボックスでやってきては、馬鹿でかいルアーを投げていた。

何かを釣り上げた姿を見たことはなかったが、恐らくはブラックバスか鯰《なまず》でも狙いに来ているのであろう。

山木さんは何度かその連中を見かけてはいたが、彼が釣りをしている日に限っては連中も大人しかった。釣り場の様子を見に来て場所がないことに舌打ちし、渋々他の場所へと移っていったのである。

だが、山木さんが仕事で来られない日は、そうではなかったらしい。

「まあね。釣り場は早いモノ勝ちっていうのが決まりだからね」

ミキさんはそう言いながら、彼らにしょっちゅう絡まれていることを山木さんに告げた。

浮子の近くに石を投げ込まれたり、近くで暴言を吐かれたりするような嫌がらせをしばしば受けていたようであった。

「……場所替えましょうか？」

山木さんは、彼にそう提案した。ミキさんが行くところであれば、自分も必ず行って釣りをする。勿論休日だけでもいい。その日だけでも奴らにその場所を開放すれば、嫌がらせも収まるに違いない。

そう思って言ったが、ミキさんはやんわりとそれを断った。

「あそこで釣りをし続けるのがね。カミさんへの供養だと思うから、ねえ」

ミキさんがまだ二十代の頃、彼の奥さんと娘さんはこの川で命を落としていた。

上流で川遊びをしていて、娘さんが誤って流されてしまい、そして娘さんを助けようとして、奥さんも犠牲になってしまったのである。二人が変わり果てた姿で発見されていたのが、ミキさんが釣り座を拵えたあの辺りであった。

「オレももう長いことないからね。最期まで釣りをしていたいね」

彼は口中に残った煙草の葉を吐き捨てると、短くなった両切り煙草を地面で揉み消した。

しかし、連中の嫌がらせは次第にエスカレートしていった。

投石も次第に激しくなっていき、ミキさんの投じた浮子付近ならまだしも、明らかに顔面目がけて投げつけてくることもあったらしい。

更には竿とリールを駆使して、百グラム近くもある錘《おもり》を彼の身体にぶつけに掛かってくることもあった。

しかし、ミキさんはその嫌がらせには決して屈しなかった。

それから間もなくである、ミキさんが亡くなったのは。

勿論連中に対する疑念は日に日に増すばかりであった。何度か警察に相談したこともあったが、証拠がある訳でもないので、殆ど相手にしてもらえなかった。

しかし山木さんの中に、ミキさんは殺されたに違いない、といった考えが渦巻いていたことだけは確かである。

生前から「オレが死んだらこの場所はお前が座れよ」とミキさんに言われていた山木さんは、とにかく悔しかった。

「勿論早いモノ勝ち、だがな」

そう破顔する老人の嗄れた笑い声が、今はとにかく懐かしい。

この場所だけは他の人には譲れない。彼はそう決意した。勿論、休日に限っての話ではあるが。


ミキさんが亡くなって一月ほど経過した頃の、ある日曜日の夕方。

朝から釣りをしていた人達も既に引き上げていたが、山木さんは気にもせず釣りに熱中していた。

ミキさんに譲り受けた釣り座に腰掛けて釣りをしていると、どすどすと荒い足音を立てながらあの連中がやってきた。

その中で一番背の高い痩せた男が、「こんにちは。釣れますか」などと殊勝な挨拶を掛けてきたので、少々面食らいながらも快く対応していた。

「今日はなかなかシブいですね」

そう言いながら餌を替えようとしたとき、男はいつの間にか山木さんの背後に回っていたらしく、突然後ろから甲高い声が聞こえてきた。

「ぉマアエ、ジャマなんだよぉぉぉぉぉぉ！」

その声が耳に入った瞬間、彼の背中に激しい痛みが走り、目の前に朧の世界が広がっていく。

一瞬何が起きたのか分からなかったが、落水したことに気が付いたのは水中で長いこと藻掻いた後であった。

あの男に、無防備な背中を思いっきり蹴落とされたに違いない。

頭から入水した山木さんは、溺れそうになりながらも何とか岸まで這い上がった。

怒鳴ってやりたかったが、川の水を結構飲んでしまったらしい。噎《む》せてしまって、怒鳴るどころか声を絞り出すことすらできない。

少し離れた場所から、彼の苦しむ姿を指さして、二人の若者がけらけらと嗤っている。

川の水と涙でぼんやりとした視界の中で、背の高い男もまた、気が狂ったように嗤い続けていた。

突如、その男の背後から、大きく黒い影が覆い被さってきた。

まるで巨大な蚊柱に包まれたかのように、背の高い男の姿が一瞬で見えなくなってしまう。

不明瞭な塊の中で、男は必死に抵抗しているようであった。しかしその苦しむ姿は、まるで前衛的な踊りを踊っているようにしか見えない。

そのとき見覚えのある人物が、這いつくばって噎せている山木さんの前に、唐突に現れ出た。

「……ミ、ミキさん」

その姿形は、ミキさんに間違いなかった。

人懐っこそうな穏和な表情に、深く刻まれた皺。愛用していた読売ジャイアンツの帽子を目深に被った、いつもの格好である。

山木さんは思わず涙を流していた。ひょっとしたら川の水かもしれなかったが、心から泣きたい気持ちに嘘偽りはなかった。

そうか、助けにきてくれたのか。ミキさん、ミキさん、ありがとう！

その思いが強くなっていき、両目を擦りながら暖かな眼差しを送ろうとしたときであった。

聞き覚えのある、嗄れた声が耳に入ってきた。

「ダメだよな。迷惑掛けちゃ、ダメ……だよ……ナ……ァ」

声の調子がおかしくなっていく。

次第に調子外れな、甲高いものへと変貌を遂げていく。

「……ナ……ァ……ナ……ァ……ナ……ァ……あイツ、おナジメニ、あワセテヤル！」

刻まれた皺がより一層深くなっていき、優しかったはずの眼差しが、激しい憤怒《ふんぬ》のものへと化けていく。

「……しネ！　しネ！　しネ！　しネ！　しネ！　しネ！」

甲高くも嗄れた雄叫びが辺りに響き渡る。そのとき、ミキさんの身体は蚊柱に包まれている男の背後へと、滑るように移動した。

「……ほラ！　しネ！　しネ！　しネ！　しネ！　しネ！　ほラ！　ほラ！」

ミキさんの病的に痩せた両手が、その若者の後頭部をがっちりと掴む。

「た……たすけ……たくけて……たぁくぅけぇてぇ……」

そう懇願しながら泣き叫ぶ男の顔面を、夕日に照らされている水面へと向かって強引に押し込んでいく。

若者も必死に抵抗を試みるが、まるでとんでもない力で押さえ込まれているようで、全く意味を為さない。

死に物狂いの動きを見せていた彼の両手両足が、次第に力を失っていった。

まるで電池切れを起こしている玩具のように、その動きが少しずつ緩慢になっていく。

少し離れた箇所から〈ひぃ〉と間抜けな叫び声が聞こえ、黒塗りのワンボックスカーが爆音を残して去っていった。

その音を聞くなり、山木さんは正気に引き戻された。

このままじゃいけない。絶対にいけない。

彼はその思いに辿り着き、一生懸命ミキさんに向かって言葉を発した。

「もう止めよう、な。ミキさん！　もう、十分だから！　これ以上は、駄目だよ。ミキさん！」

唾を辺りに飛び散らかしながら、懸命に発し続ける。大量の涙を次々に流しながら、そう心から懇願していた。

「……ナ……ァ……ナ……ァ……ナ……ァ……ヨウコ……カヨコ……スマナイ」

弱々しい声でそう言いながら、やがてミキさんの表情が柔らかくなっていき、すぐにいつもの柔和なものへと変わっていった。

そして、小刻みに震える腕、ちょっとした風でも折れそうな弱々しい枝のような腕を、若者から静かに離したのである。

今にも溺死しそうになっていたその男は、自力で川縁から離れると、その場で大量の水を吐き出してから呻き声を上げ始めた。

若者の無事を確認し終えた後、山木さんはミキさんに向かってこう言った。

「ありがとう！　ありがとう！　ありがとう！」

助けてくれたことだけではなかった。今まで言えなかった感謝の気持ちを、山木さんは思うままミキさんに対して浴びせたのである。

「ありがとう！　ありがとう！　本当に、ありがとう！」

ミキさんはうんうんと頷きながらその言葉を聞いていたが、次第に身体の色が薄くなっていき、いつしか薄闇の中へと溶け込むように消えてしまった。

若者も落ち着きを取り戻したらしく、ごろごろ喉を鳴らしながら号泣しつつ、この場から全速力で逃げ去っていった。

「もう二度とここへは来ないだろうなあ、アイツ」

仲間にも見捨てられて、一人で逃げていった背の高い男を哀れに思って、山木さんはそう呟いた。

ミキさんとの付き合いは短かったが、今までの人生の中で一番重要な一時だったような気がする、と山木さんは言った。

「あれからミキさんの姿を見たことがないけど……」

お盆くらいは姿を見せてくれたっていいじゃないか——と彼は愚痴った。

侵食

九十年代の半ばの話になる。

須藤さんは幾許《いくばく》かの土地を相続して、数棟のアパートを建てた。

仲介は、自宅の近くにある不動産屋に依頼した。

建てたアパートのうち一棟は、駅から徒歩三分程度の好立地だったため、程なく八室ある部屋は入居者で埋まることになる。

この分だと、他のアパートも恐らく大丈夫であろう。

新米大家として、順風満帆の滑り出しに思えた。


そのアパートの名前は、「朝日ハイツ」と言う。

「まあ、会社はとっくに辞めましたので……」

暇を持て余していたせいもあったが、自宅のほぼ真ん前にあるアパートの管理は全て自分で行うことにした。

主な仕事は共有部分の清掃とゴミ捨て場の管理であった。更に、住まいに関する苦情等も直接引き受けることにしたのである。

とはいえ、新築のアパートだったので、建物や設備に関する苦情は一切なかった。

「最初はねえ。楽な仕事だなあ——なんて思っていたんですけどね」

住民に対する違和感を感じ始めたのは、実は最初からだったという。

違和感と言うと語弊があるかもしれないが、生活感がないというか、とにかく静か過ぎるのだ。

入居時の書類を確認すると、小さな子供のいる家庭が三世帯で、そのうち一件は母子家庭であった。

更に若い夫婦が二世帯と、同棲カップルと思われるのが一世帯。そして残りが単身世帯であった。

今思えば、入居時も少し普通ではなかったのかもしれない。

全ての部屋がすぐに埋まってしまったので、当然引っ越しの日時も何件か重なることとなった。

初めての入居者ということで須藤さんも気にして見ていたが、引っ越しの際によく見かける大型トラックは一台も現れなかった。それどころか、引っ越しの現場すら確認しないうちに、いつの間にか入居者全員が住み始めていたのである。

それから数日が経過しても、アパートは静まり返っていた。

小さな子供も住んでいるのに、笑い声どころか泣き叫ぶ声すら聞こえてこない。

須藤さんは首を傾げた。一体、あの人達はどうやって暮らしているのであろうか。

全ての窓に分厚いカーテンが掛けられていた。しかも、殆どの世帯が、いずれも暗幕に使うような真っ黒いカーテンである。

それらはきっちりと閉められており、たとえ数ミリでも開いていることは一切なかった。

勿論、夜になってもその隙間から明かりが漏れることも決してなかった。

例外は一階の一号室の住人であった。そこには三十代の独身男性が一人で住んでいる。

その部屋だけはライトブルーのカーテンが掛けられていたが、暑い日には窓と一緒に開け放たれている。

彼は電車で通勤しているらしく、朝早くにアパートへと赴く須藤さんと時々顔を合わせることがあり、その際には必ず向こうから会釈をしてきた。

日曜日になると網戸だけになった窓を通してテレビの音が漏れており、あるいは流行歌が切れ切れに流れてきたりもしていた。

「でも、他の部屋は全部……」

昼夜を問わず、静寂に包まれていたのである。

文句を言うべき筋合いはないのかもしれない。

何故なら、家賃は毎月遅れることなくきちんと支払われていたし、近所から騒音の苦情を受けたこともなかったからだ。

須藤さんは週に何回か清掃に出向いていたが、アパートの敷地内には風が運んでくる落ち葉以外は何も見つけたことがなかった。

「まあ、多分近所の子供だと思いますけど……」

たった一度だけ、彼の手を煩わせる出来事があった。

二階の階段の手摺の裏に、「タスケテ」と小さく書かれていたことがあったのだ。

それは赤いチョークで書かれており、震えているような、子供の字のように思われた。

子供のいたずらなのだろうが、須藤さんは住人の暮らす気配を感じられたことに、少々喜びと安堵を感じつつ、落書きと思われる文字を雑巾で拭った。

ゴミ捨て場においても、問題が起きたことは一度もなかった。

出すべきモノが、出すべき曜日にちゃんと出されている。

但し、ゴミの量だけは極端に少なかった。

いずれもスーパーの中型ポリ袋に入る程度の大きさしかない。これらの少量のゴミだけが、彼らが実際この部屋で生活している証しと言えるのかもしれない。

当時はまだゴミ袋が半透明ではなく真っ黒だったため、彼らの生活の一端なりとも垣間見ることは生憎できなかった。

無論、袋をわざわざ開封して確認することは、彼の倫理に反していた。

「そうそう、一回だけなんですが……」

ここでも奇妙なことが起きていた。

四十五リットルの真っ黒い袋一杯に入っているゴミが出されていたのだ。

しかもそのゴミ袋は封がなされずに完全に開いており、中には溢れんばかりの大量の髪の毛が入っていたのである。


「どう説明したらいいか分かりませんが……」

須藤さんの仕事の一つとして、アパートの共用部分の清掃がある。

誰もいない廊下を一人、箒《ほうき》を手にして歩く。

聞こえてくるのは彼の足音と、箒がコンクリートを擦る音のみ。

二階を掃き終えて下の階に行こうとしたとき、彼の足がふと止まった。

見られている。彼の全身を舐めるように見定めている、何者かの視線を感じる。

心臓が激しく、動き始める。

怖い、凄く、怖い。だけど、気のせいなのかもしれない。たとえ見られているとしても、何か問題がある訳でもない。

深呼吸を一つして、落ち着こうと試みる。そして恐る恐る辺りに視線を向けるが、案の定不審な点は何一つ見当たらない。

「暇な年寄りがね、つまらないことを気に病んでると思われちゃいますよね」

しかし、この現象は彼の日常となってしまったのである。


今では大家としてベテランの域に達している須藤さんによると、長年アパートを経営していると、色々なことがあるらしい。

大学生が自室で喧嘩をして警察沙汰になったり、酒を飲み過ぎて救急車が来たりすることは決して珍しいことではない。

小火《ぼや》も出たことがあるし、部屋に大量のゴミを溜め込む等の、奇妙な癖のある住人も大勢いる。

しかし、「朝日ハイツ」で起きていたことは、それとは全然別のことに思われて仕方がない。

けれども、実際に何が起きていたのかまでは、須藤さんにも分からないのである。


一度だけではあるが、部屋から出てきた一号室の青年に確認してみたことがあった。

「このアパートはどうですか？　何か不満とかはないですか、てな塩梅でね」

青年は何か言いたそうな表情をしながら、須藤さんの目をじっと見つめた。それからすぐに目を伏せて、もう一度上げた。そして自分が住んでいるアパートをじっくりと見てから言った。

「いえ、何も」

短くそう告げると、まるで須藤さんの視線から逃げ去るように駅に向かって走り去ってしまった。

一号室の青年がこのアパートを出たのは、それから二カ月後のことである。

青年が去って暫く経ったある日の夜半過ぎ、騒ぎが起こった。

朝日ハイツの二軒隣の民家から出火したのである。

結局その火事は火元の一軒を焼いただけで済んだものの、一時は延焼しそうな勢いであった。

須藤さんは管理人の努めとして、アパートの住人達に知らせるべく、慌てて一軒一軒のドアを叩いて回った。

今回ばかりは、流石に住人達も急いで部屋の外へ出てきた。

それぞれの部屋に、二人、三人と人影が立っていく。

普通は誰もが火元に視線を向けたりするものだが、彼らの場合は誰一人として火事には興味がなさそうであった。

当然の如く、お隣同士で喋ったりもしない。

火元付近では消防車の音とともに数人が慌ただしく走り回ったり、怒号を上げたりしていたが、それがまるで嘘のように思えるほど、朝日ハイツは静まり返っていたのである。

須藤さんは、興味を持って住人達に目を向けた。一体、どんな人達なのか気になったからである。

しかし、見なければ良かった。

興味なんて持たなければ良かった、と心の底からそう思った。

部屋の前に立つ住人達。その全てに、顔がなかったのである。

それはまるで顔の凹凸部分をなだらかにして、更に黒く塗り潰したかのように消えていたのだ。

それを見るなり須藤さんは気分が悪くなり、倒れそうになった。

火事の収束を見届けることなどどうでもよくなり、ふらふらになりながら自宅へと戻ってしまった。


そして翌日を迎えた。

布団の中で微睡《まどろ》んでいると、電話の音が聞こえ始めた。

「もしもし。里美不動産ですけど」

朝日ハイツの仲介を任せている不動産屋からであった。

「……あのう、非常に言い難いのですけど」

次の言葉を聞くなり、須藤さんは頭の中が真っ白になってしまった。

朝日ハイツの住人達が、全員出て行ってしまったというのだ。

信じられない。とてもじゃないが、信じることができない。

言うべき言葉が見つからない須藤さんに対して、電話口の声はこう言った。

「まあ、アレですよ。すぐに見つかりますよ」

住人がいなくなってしまった以上、早速次の入居者を迎える準備をしなければならない。もしかしたら、修繕すべき点があるかもしれないからだ。

しかし、須藤さんは部屋に入るなり、やけに冷静な目でその有様を見つめている自分に気が付いた。半ば信じられなくもあったが、その一方で至極当然のことのようにも感じられていた。

どの部屋に入っても、生活していた形跡が一切ないのだ。

傷や汚れは何処にもなかったし、キッチンやトイレすら新品同様のままであった。

到底、人が住んでいたとは思われない状態である。

「でも、一箇所だけ気になったんです」

全ての部屋に、奇妙な落書きが一つだけ残されていた。いずれも壁や扉の目立たない箇所に、星の記号が鉛筆で書かれていた。

それは、子供が一筆書きで書いたような、拙《つたな》い五芒星であった。

今でも、彼らは朝日ハイツに住んでいる。

いや、勿論彼らそのものではない。彼らの眷属《けんぞく》とでも表現したらいいのであろうか。

以前のように、ハイツ全部を埋め尽くすほどの勢いではない。大概、一世帯か二世帯のみであり、他は普通の住人達である。

今までの経験からすると、彼らは半年から一年程度そこに住んで、それを過ぎると唐突にいなくなってしまうのだ。

部屋の目立たない箇所に、一筆書きの五芒星だけを残して。

「不満、は言うべきではないんでしょうね」

家賃はきっちり払ってくれるのだから、と須藤さんは言った。

懺悔《ざんげ》

川を見下ろす冬枯れた土手に、安井さんはひっそりと佇んでいた。

季節的なものなのか、川の流れはやけに細く、澄み切った水も浅い。

「ね、あの川の真ん中辺り。女の子がいるでしょう。見えますよね？」

指さされた辺りに視線を向けても、そこには誰も見えない。

私が「見える」人ではないことを告げると、彼は当てが外れたような表情を返してきた。


古い友人である加々見から、お前にぴったりな人がいるよ、と紹介を受けたのがこの安井さんである。

どうやら、所謂「見える人」とのことであった。

快く取材を了承していただいたことを加々見に報告したところ、どういった理由なのか会う場所をしつこく聞いてきた。

安井さんから指定された場所を彼に告げると、露骨に苦虫を嚙み潰したような顔をした。

やはり「あそこか」、という訳である。

あの川は良くないよ。何か出るとかそういうんじゃないけど、あの場所はとにかく良くない。加々見の言葉に、普段とは違った重みが感じられる。

これは、本当にヤバイのかもしれない。

取材の前日までは様々な憶測が先走ってしまい、不安で不安で仕方がなかった。

しかし実際に行ってみると、その川はごくごく普通の小さな川であった。思ったより頼りなく感じられ、凶悪さだとか、何か災いを思い起こさせる所はないように思われた。


「あの女の子はね、ついてくるんですよ」

何処までもね。うん。何処までも、何処までも。

安井さんは川の方向を向きながら、無表情で語り続ける。

それでね、叩くんです。そう、叩くんですよ。私の身体を。

決して視線をこちら側に向けることなく、相も変わらず川だけを凝視しながら語っている。

「えっ、叩くんですか？」

その問いに、彼は黙って衣服を捲ると背中を見せてくれた。

それを見た瞬間、息が詰まった。

安井さんの背中は、黒い痣でぎっしり埋め尽くされていたのである。その殆どが重なっており背中に大きく広がっていたが、中には子供の小さな掌を思わせる明瞭な痣も幾つかあった。

「どうして危害を加えてくるんでしょうね？」

その問いかけに彼は答えず、ぼそりと呟いた。

「あの女の子はね、この川で死んだんです」

そのとき、寒気が全身を駆け抜けた。

勿論、霊感とかそういう類のことではない。

恐らくは、彼の口調のせいだろう。もしくは、風の冷たさのせいに違いない。


取材から帰ってすぐに、紹介してくれた加々見に連絡を取った。

何処かで行き違いがあったのではないだろうか。そんな気がしてならない。

安井さんは加々見が言うような単に「見える友人」といった気楽な話ではないようだし、安井さんのほうにもこちらの素性が上手く伝わっていないように思えた。

「睦美ちゃんが死んでからさ、ちょっと心配なんだよな。奥さんとも別れちゃったし」

電話口から聞こえてくる、加々見の声がそう告げる。

「えっ、誰がだって？」

話の内容が全く見えずに、聞き返した。

「ああ、ごめん。安井の娘でね、四歳だったんだ」

「ちょっと待って。あの川で、か？」

受話器から暫しの沈黙が流れる。返事がないのは、肯定の意味なのであろう。

どうやら加々見は勘違いをしているようであった。

「心霊問題に詳しい」人間ならば、安井さんの身に起こっていることは霊の問題ではないことを説明できると考えていたらしい。

しかし、安井さんは安井さんで、「心霊問題に詳しい人」ならばこの問題を解決してくれると思っている節があるようだった。

これは明らかに、人選ミスであろう。

第一に、いわゆる霊障なのかどうかすら私には判断できない。

第二に、たとえ霊障だったとしても、解決法なんて私に分かるはずがない。

そのような理由で、この一件からは手を引くことにしたのである。


それから半年ほども経った頃であろうか。

突然、安井さんから連絡があった。

「……ちょっと聞いてほしいんですが」

私は懸命に説明した。

自分は怪談を蒐集しているだけであって、問題解決の能力はない。とりわけ娘さんの死に関してどうこう言える立場ではない旨を説明したのである。

しかし、安井さんはそれでも構わないと言った。そして、場合によっては本に書いても良いとまで言ってくれた。

そこまで言われて、会わない訳にはいかない。

約束の日時を決めて、安井さんに再度会うことにした。

指定された場所は、やはり例の川縁であった。

会って早々、安井さんは語り始めた。

「あの女の子はね、この川で死んだんです」

安井さんは前回と一字一句違えずに、そう言った。

やはりこちらには視線を向けずに、じっと川を凝視している。

そして、少しの間を置いてから、ぼそりと呟いた。

「いえ、あの子の兄に殺されたんですよ」

兄妹の母親は、子供自体が余り好きではなかったらしい。

だから幼い妹の面倒は、いつも兄が見ていた。

しかし兄と言っても、まだ子供なのである。

幼い妹の我が儘《まま》にはほとほと手を焼いていたし、自分も遊びたくて仕方がない盛りであった。

しかも母親は、妹が泣いたり聞き分けがなかったりすると、鬼の形相で兄を殴り始める癖があった。

ある日のこと。

兄が妹を連れて川縁で遊ばせていると、ボールが川に落ちてしまった。

妹は金切り声を上げて、狂ったように泣き叫んだ。

兄の心の中で、何かがぷっつりと切れてしまった。

最早、耐えることはできなかったのであろう。

癇癪《かんしゃく》を起こしながら叫び続ける妹に背を向けると、兄はゆっくりと土手を登り始めた。

「その後何が起こるのか、兄は知っていたのだと思います」

安井さんは、落ち着いた口調でそう言った。

目の前の川は、さほど深くはない。しかし、子供が溺れるには十分な深さである。

「少し経って、兄が川縁に戻ったとき……」

安井さんの口調に、はっきりと分かるほどの乱れが生じた。

「……女の子は、川の中ほどに浮かんでいたそうです」


安井さんが語り終わっても、暫くの間、言葉が見つからなかった。

頭の中が非常に混乱していたためである。

娘さんである睦美ちゃんの話かと思っていたが、彼女に兄がいるとの話は全く聞いていない。

ひょっとして、彼の言う「女の子」とは睦美ちゃんとは違う人物のことなのではないだろうか。

そうだとしたら。

彼の語る、川の中にいる女の子とは一体誰なのか。

そしてもう一点。

彼は女の子の死について語ったが、あくまでも兄の視点においてのみである。

それが指し示す意味とは？

「それは……今のは……川の中の女の子が話してくれたんですか？」

かなり時間が経過した後、私に言えたのはそれだけであった。

安井さんは、視線をこちらに向けた。

それは明らかに、何も見ていない虚ろな目であった。

結局、質問には答えていただけなかった。だが、答えてもらいたかったのかどうか、私にも判断が付かなかった。


その後暫くして、安井さんが亡くなったとの知らせを受けた。

街中での突然の死で、心臓発作が原因であったとのことである。

彼の死に関して様々な噂がある。

曰く、その死に顔は恐怖に歪んでいた。

曰く、その身体は何故か水にどっぷりと浸かったかのように、しとどに濡れていた。

曰く、安井さんの部屋から子供の金切り声が聞こえていた。それは亡くなる数日前からその日まで続いたそうである。

曰く、彼の身体には不審な痣が多数あったため、心臓発作が原因であるにも拘わらず、司法解剖を受けた。

どれもこれも無責任な噂に過ぎないが、どことなく引っかかる話ではある。

後に調べた所によると、あの辺りでは過去三十五年間で四人の子供が亡くなっていた。

しかし、最初と最後の犠牲者が、安井という苗字だったのは只の偶然に過ぎないのであろうか。

端書き

さて皆様、迂拙《うせつ》、二冊目の単著となる『「超」怖い話 鬼門』はいかがだっただろうか。

今回の内容に関して、不動産関係の怪談がちょっと多いかなといった印象だったので、前作と鬼繋がりということもあり、タイトルを「鬼門」とした。

鬼門と言うのは北東の方角のことで、鬼が入ってくる方向と言われている。

皆さん御存じのこととは思うが、家を建てるときに玄関を作ってはいけないとか、水回りは避けろとか言われている方角でもある。

余り関係はないが、拙宅は鬼門に玄関がある。そして、台所は裏鬼門に位置している。

このような仕事をしているから敢えてそうした、と言う訳では勿論ない。

本当に、たまたまとしか言いようがない。

だからと言って、別に不吉なことが起こったりはしていない。ええ、恐らく。きっと。

……まあ、気にしない方がいいのだろう。

ところで、本作に登場する不動産屋、「里美不動産」について幾つか補足しなければならない。

一連の作品で、些細でありながら大きな疑問は、「果たして里美不動産に女性事務員はいるのか」という点に尽きると思われる。

今回紹介した体験者の皆様は、いずれも「いた」と答えている。

それならば「いる」のではないかと考えるのは早計と言えるかもしれない。

何故なら里美不動産を介して部屋を借りるなどした人に広く話を聞いてみると、「いなかった」という回答が圧倒的に多い。

勿論、「いない」ことの証明は難しい。

やはり、少数派と言えども見たことがある人が存在するのならば、いると考えるのが妥当なのではないか。

ただ、「いた」期間と「いない」期間があったのではないかという可能性も捨てきれない。

そして「いる」けれど、余り店舗に姿を現さないというケースも十分に考えられる。

しかし、里美不動産と同じ商店街に属するある商店主からは、「いない」し「いたこともない」との答えを得ている。

私見だが、この証言は信憑性が非常に高いと思われる。

この問題が何故重要なのかと言うと、女性事務員に出会っていない人は里美不動産を普通の不動産屋と思っている。その一方で、会ったことがある人は妙な不動産屋だと思っているからである。

端的に言うと、怪異の有無に関係しているのではないか。

里美不動産と関わって妙な体験をした人は、例外なく女性事務員は「いた」と答えている。

これは、大変興味深い証言と思われる。

と、いう訳で里美不動産に実際に行ってみることにした。

前書きで触れた通り、電話で取材を申し込んだときにはけんもほろろに断られたが、今回は違ったアプローチを取ることにした。

寂れた商店街の片隅にある、古びた店舗。

いつ貼られたのか定かではない物件案内の紙が、妙にしっくりときている。

「すいません、部屋を探しているんですが」

当たり障りのない口実で店内に入ったところ、年齢の定かではない男性が面倒臭そうに出てきた。

男性は胡散臭そうな表情で私を見るなり、冷たい口調でこう告げた。

「あんた、冷やかしだろ。用がないならさっさと帰りなよ」

何故バレたのかは不明だが、追い出される前に店内を見渡すことだけは忘れなかった。

幸か不幸か分からないが、そこに女性事務員の姿は発見できなかったのである。

最後に、もう一点。

作品に登場する「朝日ハイツ」は取り壊されて久しい。

体験者の方が亡くなったため、相続税の関係で幾つかの不動産を手放すことになったとだけ聞いている。

「朝日ハイツ」のあった敷地は、現在駐車場になっている。

彼らがどこに行ったのかは誰も知らない。勿論「里美不動産」だけは知っているのかもしれないが。


それでは、またお目に掛かるときまで。

皆様に愉しんでいただけるよう、手薬煉《てぐすね》引いて待っております。

二〇一七年八月吉日　渡部正和

本書の実話怪談記事は、「超」怖い話 鬼門のために新たに取材されたもの、公式ホームページに寄せられた投稿などを中心に構成されています。
快く取材に応じていただいた方々、体験談を提供していただいた方々に感謝の意を述べるとともに、本書の作成に関わられた関係者各位の無事をお祈り申し上げます。

「超」怖い話公式ホームページ
http://www.chokowa.com/
最新情報、過去の「超」怖い話に関するデータベースなどをご用意しています。

「超」怖い体験談募集
http://www.chokowa.com/post/
あなたの体験した「超」怖い話をお知らせ下さい。

「超」怖い話 鬼門

2017年9月5日　初版第1刷発行

著者　渡部正和
総合監修　加藤 一
カバー　橋元浩明（so what.）
発行人　後藤明信
発行所　株式会社　竹書房
〒102-0072　東京都千代田区飯田橋2-7-3
電話03-3264-1576（代表）
電話03-3234-6208（編集）
http://www.takeshobo.co.jp

印刷所　中央精版印刷株式会社

定価はカバーに表示しています。
落丁・乱丁本は当社までお問い合わせ下さい。

ISBN978-4-8019-1187-1 C0176